Tina Soliman

Der Sturm vor der Stille

Warum Menschen den Kontakt abbrechen

Klett-Cotta

www.funkstille-buch.de

Die Rechte an dem Buchtitel »Sturm vor der Stille« hält die
Aufbau Verlag GmbH & Co. KG mit dem im Jahr 2006 bei Aufbau
erschienenen Lyrikband »Sturm vor der Stille« von Mario Wirz.
Wir bedanken uns für die großzügige Überlassung des Titels für das
vorliegende Buch.

Klett-Cotta
www.klett-cotta.de
© 2014 by J. G. Cotta'sche Buchhandlung
Nachfolger GmbH, gegr. 1659, Stuttgart
Alle Rechte vorbehalten
Printed in Germany
Umschlag: Rothfos & Gabler, Hamburg
Unter Verwendung eines Fotos von Torsten Lapp
Gesetzt von r&p digitale medien, Echterdingen
Gedruckt und gebunden von CPI – Clausen & Bosse, Leck
ISBN 978-3-608-94804-2

Dritte Auflage, 2015

Bibliografische Information der Deutschen Nationalbibliothek
Die Deutsche Nationalbibliothek verzeichnet diese Publikation in der
Deutschen Nationalbibliografie; detaillierte bibliografische
Daten sind im Internet über <http://dnb.d-nb.de> abrufbar.

Gewidmet

meiner Mutter Gisela Soliman

und

V. S.

Inhalt

Vorwort und Dank

»Dieses Buch ist unfertig, wie ein Abschied an einem Bahnhof, bei dem nicht alles gesagt wurde, obwohl es noch so viel zu sagen gegeben hätte«, schrieb ich im Nachwort meines ersten Buches *Funkstille. Wenn Menschen den Kontakt abbrechen.* Und tatsächlich hat dieses Buch eine intensive Resonanz erhalten. Seit der Veröffentlichung im Februar 2011 erreichen mich täglich Zuschriften von Betroffenen, vor allem von den sonst so schweigsamen Abbrechern. In ihren E-Mails und Briefen gibt es zahlreiche Wörter, die mit »Un-« und »Ent«- anfangen, Wörter, die sich von etwas lösen.

Auf der anderen Seite stehen die Äußerungen der Verlassenen. »Der Abbruch kam aus heiterem Himmel«, das schreiben die Verlassenen immer wieder. Je unerwarteter ein Ereignis uns trifft, desto stärker bewegt es uns. So wird offenbar, was die Wirkung der Funkstille ist: Zum einen schafft der Kontaktabbruch vollendete Tatsachen, zum anderen hält er die Dinge in der Schwebe. Die menschliche Vorstellungskraft lebt vom Unvollendeten, Unfertigen, Unbekannten und somit Möglichen. Unsere Erwartungen zehren von der Chance – der Hoffnung. Das Geheimnis der Funkstille basiert hauptsächlich auf Gewährung und Entzug von Hoffnung!

Und es basiert auf unterschiedlichen Wahrnehmungen: Die frisierte Erinnerung ist von einer echten kaum zu unterscheiden. Vielen wird erst auf Nachfrage klar, dass die Situation eigentlich ganz anders war. Wahrheit ist nicht gleich Wirklichkeit, und wir alle sehen immer nur Ausschnitte unserer

Wahrnehmung. Das Leben ist nicht das, was wir leben, es ist eher die Vorstellung dessen. Und wer wäre nicht vom anderen verschieden?

Je rätselhafter und zufälliger der Kontaktabbruch erscheint, desto stärker regt er die Vorstellungskraft und die Emotionen an. Und je stärker die Emotionen, desto heftiger prägt sich das Geschehen ein.

Es sind vor allem die Schilderungen der Abbrecher, die Licht in das Dunkel bringen können. Sie beschreiben, dass dem endgültigen Bruch ein heftiger innerer Kampf vorausgegangen ist. Die Verlassenen wiederum suchen nach dem einen Auslöser dessen, was geschehen ist. Ihn gibt es aber häufig gar nicht. Die meisten Funkstillen geschehen im Affekt und sind dennoch seit Jahren vorbereitet.

Die Mehrzahl der Ereignisse unseres Lebens stößt uns nicht plötzlich zu. Die Dinge geschehen nach und nach. Der Kontaktabbruch ist Folge eines Prozesses, der aus vielen kleinen zerstörerischen Momenten besteht. Im Augenblick des Geschehens wissen wir oft gar nicht, welche Tragweite das hat, was wir sagen und tun. Nicht jeder kann Worte sanft setzen wie eine Wolke. Manche Worte – und auch nonverbale Verhaltensweisen – verletzen so sehr, dass ein Sturm entsteht, der nicht mehr zu bändigen ist – außer mit Stille. Viele Abbrecher erklären, dass sie selbst erst Jahre später verstanden haben, warum sie den Kontakt abgebrochen haben, und sie beschreiben ihre eigene Verwunderung und Verzweiflung angesichts ihres Verstummens.

Was die Verlassenen einfordern, ist Plausibilität, also der Sinn hinter dem für sie unerklärlichen Verhalten. Ohne Sinn können wir nicht leben, darum ist der Kontaktabbruch für die Verlassenen so quälend. Dem Sinn aber kann man sich nur mit den Mitteln der Interpretation nähern, durch Kommunikation und Argumentation. Eine Handlung, die nicht erklärt wird, wirkt meist wenig plausibel, kaum oder gar nicht nachvollziehbar. Kontakt muss Sinn machen, Kontaktverweigerung auch!

Im vorliegenden Buch soll die Suche nach den Ursachen vertieft werden. Wenn es gelingt herauszufinden, wie es zu dem vermeintlich plötzlichen Kontaktabbruch gekommen ist, dann wird es vielleicht möglich, ihn zu begreifen, in manchen Fällen sogar zu akzeptieren. Wer eine Bombe entschärft, kann sie auch bauen – und umgekehrt. Die Äußerungen der Abbrecher geben oft genug eine Vorstellung des »Sturms vor der Stille«, der dem Kontaktabbruch vorausging. Es ist ein innerer Sturm, oft überdeckt durch eine Ruhe im Äußeren. Doch bei den Abbrechern kommt in dieser Zeit vor dem Bruch nichts zur Ruhe. Alles ist in ständiger Bewegung. Die Gedanken schmerzen, die Verletzungen wollen nicht heilen. Der Sturm soll als reinigendes Gewitter wirken oder als Befreiungsschlag. Doch im Kontaktabbruch verlieren auch die Abbrecher Menschen, die ihnen bisher nahe waren. Jemanden vermissen, das ist eine Erfahrung, die Abbrecher und Verlassene miteinander teilen.

Manchmal sollten wir vielleicht auf unser demoliertes Selbst mit einem umgedrehten Fernglas blicken und dabei nicht nach dem Körnchen im Kleinen suchen, sondern das ganze Bild in den Blick nehmen. Möglicherweise wird es dann einfacher, einen Zusammenhang zwischen Ereignissen und Gefühlen herzustellen.

Zusammenhänge verdeutlichen – das ist es, was ich hier versuchen möchte. Auf der Basis der zahlreichen Zuschriften, mithilfe von Gesprächen – auch mit Fachleuten – lassen sich so die Lücken teilweise schließen, lässt sich das Ungesagte zumindest teilweise entschlüsseln. Wo es zur Sprache kommt, wird Unbewusstes ins Bewusstsein geholt. Reden statt Schweigen!

Danken möchte ich all denen, die mir seit der Veröffentlichung des ersten Buches bis heute schreiben und vertrauen. Ich höre ihnen zu und gebe ihre Erfahrungen und Beobachtungen weiter. Mit einigen der Menschen, die mir geschrieben haben, habe ich mehrfach telefoniert, andere für dieses Buch persönlich getroffen. Einige Funkstille-Begegnungen sind zu Kontakten geworden, die bereits seit meiner ersten Lesung in Frankfurt andauern. Es war die Idee meiner Leser, noch einmal genauer hinzuschauen, weitere Erfahrungen und Geschichten zu sammeln, um den Sturm vor der Stille zu ergründen.

Hunderte von Menschen hatten den Mut und das Vertrauen, diese wortlose Erfahrung in Worte zu fassen – zu viele, um sie namentlich zu nennen. Sie haben sich in E-Mails, Briefen oder Postings auf der Webseite *www.funkstille-buch.de* mitgeteilt. Ihre Gedanken, Kommentare, Überlegungen haben zum vorliegenden Buch beigetragen, das sich wiederum, gemeinsam mit der Webseite, auch als Kontaktangebot versteht.

Für weiterführende Einblicke in die Funkstille-Problematik danke ich im Besonderen Tanja Bogs, Doris Dreyer und Rolf Schröder. Mein Dank gilt darüber hinaus den Fachleuten und Autoren, ohne die dieses Buch einiges an Erkenntnisgewinn eingebüßt hätte: Prof. Dr. Wolfgang Hantel-Quitmann, Prof. Dr. Hugo Grünwald, Dr. Birger Dulz, Prof. Dr. Hartmut Radebold, ebenso dem Philosophen Prof. Dr. Wilhelm Schmid, den Therapeutinnen Anja Jonassen und Angelika Grabow und den Autoren und Psychoanalytikern Wolfgang Schmidbauer und Marie-France Hirigoyen für ihre erhellenden Werke.

Ich danke natürlich meinem Lektor Dr. Heinz Beyer, Isabel Gunzenhauser, Judith Mark, Katharina Wilts, Mara Ebinger und Knut Amos vom Klett-Cotta Verlag und den Verlegern Michael Klett, Tom Kraushaar und Michael Zöllner dafür, dass ich Autorin in diesem wunderbaren Verlag sein kann.

Für ihre wertvollen Gedanken, ihre Worte und ihre Anregungen zur Genauigkeit der Formulierungen danke ich Gisela Soliman, Armin Peter und Volker Steinhoff.

Für die Kunst – das wunderbare Coverfoto – danke ich Torsten Lapp.

Bedanken möchte ich mich auch bei den folgenden Freunden und Kollegen für den befruchtenden Gedankenaustausch: Barbara Stützer, Markus Gerhardt, Inge Altemeyer, Brigit Wuthe, Matthias Gangkofner, Saam Schlamminger, Detlef Kinsler, Baldur Hellwinkel, Jens Peter Meier, Monique Wernbacher, Reinold Hartmann, Marina Fuhr, Meinhild Jach, Ulla Mikosch, Felix Lauscher, Michael Best, und natürlich bei meinen tollen Geschwistern Maria und Michael Soliman.

Einleitung

»Hallo Tina, danke für dieses tolle und sehr aufschlussreiche Buch! Endlich fühlt man sich als ›trauernde‹ Verlassene verstanden. Endlich wurde ein Tabu gebrochen«, schreibt Vera.

»Hallo, nach diesem Buch fühle ich mich als Abbrecher weniger schuldig und in Teilen richtig verstanden. Ja, auch ich leide, und, ja, ich habe nicht den Mut gehabt, meine Gefühle offen auszusprechen, war wie blockiert, wenn ich meiner Mutter gegenüberstand. Ich fühlte mich schlecht und unfähig, wollte sie auch nicht verletzen und habe sie doch durch den Abbruch noch mehr verletzt – und mich auch. Durch das Buch aber erkenne ich, dass hier zwei Sichtweisen aufeinanderprallen, beide Seiten Fehler machen und wir nur gemeinsam dieses Schweigen beenden können. Eine unfassbare Herausforderung«, schreibt Anja.

Zwei von vielen Stimmen, die deutlich machen, dass ein Kontaktabbruch Leid schafft und starke Gefühle hervorruft – auf beiden Seiten. In den folgenden Kapiteln soll der Versuch unternommen werden, besonders den Abbrechern näherzukommen. Denn wer nichts sagt und einfach geht, sagt dennoch etwas durch sein Schweigen. Auch wo kein Wort erklingt, kann also Antwort sein.

Die Funkstille ist kein Blitz aus heiterem Himmel! Sie bahnt sich an, oft über lange Zeit, und ich möchte im Folgenden versuchen, dem Geschehen vor dem Bruch auf die Spur zu kommen. Was empfanden die Abbrecher, bevor sie sich entschlossen haben zu gehen? Ich versuche, die Empfindungen vor der

Handlung, dem Bruch, in Worte zu fassen. Denn auch wer keine Gefühle zeigt, wird welche haben. Verschleiert, versteckt und tief vergraben sind sie – warum? Sind es gefährliche Gefühle, deren Wirkung brutal sein kann, wenn man sie offenlegt?

In ihren Zuschriften versuchen die Abbrecher, Gründe für ihr Verhalten zu benennen. Sie nehmen den Kontaktabbruch keineswegs auf die leichte Schulter. Im Gegenteil: Manche haben sich wesentlich mehr Gedanken über das Verhältnis zur Mutter, zum Vater, zu dem Partner, der Freundin oder dem Freund gemacht, als der Verlassene es je erwarten würde oder je selbst getan hat. In den Nebensätzen tauchen meist die emotionalen Brocken auf, die diese Beziehungen vergiftet haben. Ständig war irgendwer empört, in seinem Vertrauen verletzt, aufgeregte Schuldzuweisungen wechselten sich ab mit herrischen Statements und eitlen Verteidigungen. Eine emotionale Gemengelage, die offenbar irgendwann nicht mehr zu ertragen war. Zuvor haben die Abbrecher jedoch – auf ihre Art – immer wieder kommuniziert, dass die Beziehung auf diese Weise nicht weiter funktionieren kann. Manche Abbrecher haben sich wohl nicht getraut, dem anderen dies klar zu sagen. Manche hatten nicht den Mut mitzuteilen, dass der andere für sie nicht mehr wichtig war. Und andere wiederum wissen eigentlich selbst gar nicht genau, was sie bewegt, weil der Auslöser so weit zurückliegt, weil es unverarbeitete Verletzungen im Leben gibt, manchmal über Generationen hinweg, die völlig unerwartet hervorbrechen können. Es gibt also unterschiedliche Motivlagen für den Kontaktabbruch.

Wolfgang Hantel-Quitmann, Professor für Klinische und Familienpsychologie in Hamburg, unterscheidet zwischen drei Abbrecher-Typen, auf die im ersten Kapitel noch genauer eingegangen werden soll. Hier nur so viel: Es gibt Motivlagen für einen Kontaktabbruch, bei denen die Persönlichkeit und das Verhalten des Verlassenen kaum eine Rolle spielen. Für den Verlassenen kann das Wissen darum sehr entlastend sein.

In zahlreichen anderen Fällen jedoch ist der Kontaktabbruch die Folge eines unglücklich verlaufenen Miteinanders, eines Geflechts aus gegenseitigen Verletzungen, Missachtungen, möglicherweise Beschämungen, das einer der Beteiligten irgendwann nicht mehr aushalten konnte. Oder er ist zurückzuführen auf Traumata, die lang zurückliegen, ja unter Umständen sogar bei vorhergegangenen Generationen geschahen. Gerade im letztgenannten Fall wissen die Abbrecher oft selbst nicht, warum sie gegangen sind.

Nach über 1.000 Zuschriften in der Folge des *Funkstille*-Buches sehe ich viele Kontaktabbruch-Geschichten stärker als zuvor mit den Augen des Abbrechers, der am Ende eines schmerzhaften Prozesses erschöpft aufgibt. »Man tut einen solchen Schritt aus einer Verzweiflung heraus, weil man anders nicht mehr leben kann und sonst an der Situation kaputtgehen würde«, schreibt etwa Sybille.

Der Zeitpunkt der Funkstille ist nicht entscheidend, wie wir sehen werden, der Bruch scheint zwar im Affekt zu passieren, doch – wie bei einem Schläfer, der einen Terroranschlag vorbereitet – war das Ende seit Jahren oder Monaten vorbereitet. Der Auslöser ist nur der Moment der Entladung!

Die Not ist groß, wenn einer abbricht. »Das passiert nicht einfach so«, erzählen fast alle, die »plötzlich« gegangen sind. Viele von ihnen haben sich in der eigenen Familie heimatlos gefühlt und erleben nun, dass der Kontaktabbruch das Gefühl der Entwurzelung noch verstärkt. Manche stammen aus Familien, in denen kleinere und größere Kontaktabbrüche ein Muster der »Konfliktlösung« waren. Nie wollten sie dieses Muster wiederholen und haben es dann doch getan. Nun fragen sie sich, wer sie sind und warum sie so geworden sind. Ein Abbrecher schrieb – mit der Bitte, sich auch weiterhin um das Phänomen der Funkstille zu kümmern: »Ich erhoffe mir Hilfe und Erklärungen für mein Verhalten, das ich selber nicht verstehe und unter dem ich sehr leide.« »Man quält sich ein Leben lang. Redet gegen Wände. Das Eigene aber ist unerwünscht«, so Anja, die den Kontakt zu ihrer Mutter abgebrochen hat. Den meisten Verlassenen reichen solche oder ähnliche Äußerungen als Erklärung nicht aus. Sie fragen nach, wollen mehr wissen. Oft stellen sie dem Abbrecher Fragen, die dieser sich selbst noch nie gestellt hat – weil er diese dunklen Impulse verdrängt hat. Er will sie nicht spüren, und er will sich den Fragen nicht stellen. Er will nicht, dass Worte sich einnisten als bösartige Bewohner seiner Gedankenwelt, die seine Angst, seine stille Wut und seine wunden Punkte aufdecken könnten. Er will sich nicht zu erkennen geben, vorausgesetzt, er erkennt sich selbst.

Beide Beteiligten der Funkstille beanspruchen die Wahrheit für sich – doch wer wollte entscheiden, was wahr ist? Die Wahrheit ist eine Fiktion unseres Verstandes.

Ralf fühlt sich nach der Trennung von seiner großen Liebe Isa durchlässig, desorientiert, leer und gleichzeitig voller Sehnsucht nach dem Menschen, der all dies ausgelöst hat. »Das Positive, das ich mit ihr verbunden habe, fehlt mir schmerzlich. Dieser Mangel quält mich noch jeden Tag, und ich weiß nicht, wie lange ich das noch ertragen soll«, schreibt er. Nicht alle Zuschriften sind derart verzweifelt liebevoll. Viele Verlassene sind stinksauer, wütend und ohne jedes Verständnis. »Die Funkstille ist ein Mord an der Seele. Der Abbrecher will emotional dauerhaft schädigen. Aber warum?«, fragt etwa Diana, die von ihrem Mann Johannes ohne ein Wort der Erklärung verlassen wurde.

Die französische Psychoanalytikerin Marie-France Hiri-goyen, die sich mit seelischer Gewalt im Alltag und in Part-nerschaften befasst, bezeichnet das Schweigen als »perverse Kommunikation«. Sie ziele darauf ab, den anderen grundsätz-lich und tiefgehend am Denken zu hindern und damit auch am Verstehen und am möglichen Widerstehen. Wie soll der Verlassene sich um Versöhnung bemühen, wenn er nicht weiß, wie alles angefangen hat; wie kann er Einwände erheben, wenn die Vorwürfe nicht benannt werden? Wie Widerstand leisten, wenn es keine Diskussion gibt?

»Zu jeder Beziehung gehören zwei Menschen. Wenn einer aus Unzufriedenheit mit dem Gedanken spielt, sie zu been-den, gebietet es der zwischenmenschliche Respekt, dem an-deren eine faire Chance zur Veränderung zu geben. Und dazu muss der eben verstanden haben, was das Problem ist – es muss Sinn machen«, fasst Ralf zusammen. Einen Warnschuss habe er sich gewünscht, die Funkstille jedoch sei ein »Todes-urteil ohne vorhergehendes Verfahren«.

Doch das Leid ist nicht allein auf Seiten der Verlassenen. Nicht immer wird bei der Lektüre der zahlreichen Zuschrif-ten unmittelbar deutlich, wer Abbrecher und wer Verlassener ist. Das Vokabular ist auf beiden Seiten dasselbe, die Gefühle ähnlich, das Leiden von ähnlicher Tragweite. So schreibt eine 21-Jährige: »Man hat das Gefühl, das Laufen verlernt zu haben, man kennt sich selbst auf einmal nicht mehr. Die Welt dreht sich weiter und man selbst steht dazwischen und kann sich nicht mitbewegen.« Sie ist eine Verlassene.

Eine andere schreibt: »Das ist ein Grund, warum Menschen etwas komplett aus ihrem Leben raushaben wollen: weil es nicht gut für sie ist. Weil etwas sehr wehtut. Weil das Verzei-hen fast unmöglich erscheint. Weil das Vertrauen missbraucht wurde. Weil dort eine riesige Kluft aufgebrochen ist. Weil es einen blockiert. Weil es einen weinen lässt.« Sie ist eine Abbrecherin.

Beide Seiten leiden und können nicht abschließen; das wird aus den Zuschriften deutlich. Auch Fabio, ein Abbrecher, gesteht: »Dieses egoistische Nur-für-sich-Klären der emotionalen Situation hilft kurzfristig, aber langfristig ist nicht viel erreicht. Mich belastet der Kontaktabbruch, weil ich weiß, dass ich mir damit selbst schade und andere verstöre. Der Wunsch von Nähe ist da, aber ich bin nicht in der Lage aufzuzeigen, wie diese Nähe aussehen soll bzw. klar mitzuteilen, dass ich die bisherige Form der Nähe so nicht möchte.«

Natürlich gibt es auch einige Abbrecher, die Wert darauf legen zu betonen, dass sie sich nach dem Abbruch wie befreit fühlten und die Funkstille die beste Entscheidung ihres Lebens gewesen sei. Man solle nicht versuchen, meinen sie, herauszufinden, ob es Möglichkeiten gibt, abrupte Kontaktabbrüche zu verhindern, sondern akzeptieren, dass Machtkämpfe, Grenzüberschreitungen und autoritäres Verhalten eben nicht akzeptabel seien. Irgendwann sei es eben wirklich genug. »Und wo steht geschrieben«, so ein Abbrecher, »dass ich Gründe für den Abbruch angeben muss?« Der Abbruch des Kontakts zur Familie ist aus seiner Sicht ein Ausdruck des freien Willens, ein Menschenrecht. Der Abbrecher: ein wütender Befreiter.

In Bezug auf Paarbeziehungen und Freundschaften gibt es solche Äußerungen nicht. Dort dominiert eher Ratlosigkeit, die zermürbende Frage zum Beispiel, warum denn nicht alles gut war, als es noch die Möglichkeit dazu gab. Und warum man nicht weiter gemeinsam daran arbeiten konnte, das, was an der Beziehung nicht gut war, besser zu machen.

Anhand neuer Begegnungen mit Abbrechern wie Verlassenen soll im Folgenden den Ursachen der Funkstille noch einmal tiefer nachgegangen, sollen Irritationen, Verletzungen und Brüche vor dem eigentlichen Kontaktabbruch aufgespürt werden.

Im Gespräch mit den Betroffenen und mit Fachleuten aus den unterschiedlichsten Forschungsbereichen möchte ich die Funkstille entmystifizieren, den emotionalen Sturm – der meist sehr leise ist – *vor* der Stille ergründen und so die Ursachen für den Abbruch entschlüsseln.

Ralf etwa erkennt im Rückblick: »Es gab die Funkstille offenbar schon vor dem plötzlichen Bruch. Zwar haben wir, nach meinem Eindruck, völlig normal kommuniziert, tatsächlich aber spielte Isa offenbar schon länger mit dem Gedanken der Trennung, ohne jedoch irgendwelche Warnzeichen abzugeben. Oder gab es die doch? Was habe ich übersehen? Warum habe ich den Sturm nicht aufkommen sehen?«

Neben der Frage nach den individuellen Gründen der Betroffenen soll auch diejenige nach möglichen gesellschaftlichen Ursachen des Kontaktabbruchs stehen. Liegt es auch an der Zeit, in der wir leben, dass manche Menschen nicht die Lust, Zeit und Kraft haben, mit Konflikten umzugehen? Was steckt dahinter? Könnte es die Angst sein, irgendwo Anker zu werfen und damit »angebunden« zu sein? Der Wunsch, sich sämtliche Optionen im Leben offenzuhalten? Das Leben voll und ganz auszukosten ist stets das Bestreben des modernen Menschen – eine Sehnsucht, die Kontaktabbrüche fördert?

»Vielen Dank für dieses Gemeinschaft stiftende Buch und Ihrem Fragen stellenden Zugang. Ich fühle mich von Ihnen in dieser Not ernst genommen«, schrieb Susanne. Ich danke für dieses Vertrauen und werde versuchen, die Wahrnehmung beider Seiten ernst zu nehmen, wissend, dass ein und dieselbe Geschichte für zwei Menschen eine völlig unterschiedliche Bedeutung haben kann.

Jeder konstruiert aus unterschiedlichen Erfahrungen und Prägungen seine eigene Wirklichkeit. Wir alle sehen immer nur unsere Version einer Geschichte. Wir haben keine Möglichkeit zu erkennen, was »wirklich« ist. Ein Überblick über das Ganze ist also gar nicht möglich, wer sollte den auch haben?

Erstes Kapitel

Was ist passiert?

»Irgendetwas ist immer passiert«

»Tickende Zeitbomben« seien sie vor der Funkstille gewesen, berichten viele Abbrecher. Zur Explosion kam es meist dann, wenn man es nicht – oder nicht mehr – erwartete. Die Funkstille entwickelt sich also eher leise.

In ihrer eigenen Wahrnehmung haben die Abbrecher kommuniziert, Widerstand geleistet und deutlich gemacht, dass sie so nicht mehr weitermachen wollen. Umso unerklärlicher ist ihnen die immer wieder geäußerte Fassungslosigkeit der Verlassenen. Doch schaut man genauer hin, haben sich viele Abbrecher tatsächlich nicht mit Worten erklärt. Ihre Botschaften waren verschlüsselt, oft vorab schon in eine Folie des Schweigens gepackt.

Sehr häufig bekomme ich Zuschriften von Müttern, die nicht verstehen, warum die Tochter den Kontakt abgebrochen hat. In den Briefen wird viel über die eigenen verletzten Gefühle und deren psychosomatische Folgen gesprochen. Einige Mütter vermuten, dass die »undankbare« Tochter sie willentlich krank machen wolle. Mitunter wird die Tochter im Brief nicht einmal mit Namen genannt, keine Altersangabe, nichts zum Familienstand. Über die Ursachen des Kontaktabbruchs können die Mütter sich kein Bild machen. Fragt man die Töchter, tun sich Abgründe auf.

Wie verletzend die Abwertungen durch die Eltern sein können, beschreiben Leser in Zuschriften, die oft fassungslos machen und verstehen lassen, warum jemand mit der Familie bricht. Eine Abbrecherin beschreibt, wie ihre Mutter sie immer wieder kleinmachte: »Vor Weihnachten eröffnete sie mir, dass sie mir einen Friseurgutschein schenken werde, da meine Haare absolut langweilig, unvorteilhaft, genaugenommen scheiße aussähen. Nach dem gemeinsamen Friseurbesuch äußerte sie, dass ich nun unheimlich meiner Cousine ähnlich sehe – darüber könne ich froh sein, die sei nämlich hübsch.« Nach jahrzehntelangen Abwertungen dieser Art brach die Tochter den Kontakt zu ihrer Mutter ab. Sie benennt das auslösende Ereignis: »Ich erzählte meiner Mutter, dass ich mich aufgrund chronischer Depressionen in therapeutische Behandlung begeben werde, woraufhin sie sich entschuldigte, mich auf die Welt gebracht zu haben. Wenn sie alles rückblickend betrachte, bereue sie es, mich nicht abgetrieben zu haben, wir wären beide besser dran gewesen. Es tue ihr leid, dass sie mir ein so grausames Leben geschenkt habe. Als ich einwendete, dass es doch auch schöne Zeiten gegeben habe, betonte sie nochmals, wie sehr sie es bereute, mich nicht abgetrieben zu haben.« Die Tochter weiter: »Ich habe etliche Male das Gespräch mit meiner Mutter gesucht, doch es war und ist leider nicht möglich. Sie fühlt sich bei allem sofort gekränkt und verteidigt sich. Man bekommt nicht die kleinste Chance, seine Gefühle auszudrücken. Sobald ich bestimmte Situationen anspreche, wird augenblicklich alles abgetan: Das siehst du völlig falsch, du bist viel zu empfindlich. Meine Mutter konnte meine Gefühle und meine Wahrnehmung nicht annehmen. Sie hatte schlicht zu wenig Empathie. Für mich ist es bis heute nicht einfach – sie ist immerhin meine Mutter. Es fühlt sich an wie Liebeskummer, nur um ein Vielfaches schlimmer. Dennoch: Seitdem ich keinen Kontakt mehr habe, kann ich einen Selbstwert aufbauen, ich kann anfangen, mich selbst zu lieben. Letztlich war der Kontaktabbruch eine Maßnahme des Selbstschutzes – hätte ich weiterhin immerzu diese massiven Abwertungen zu hören bekommen, wäre ich nicht mehr am Leben!« Der Bruch mit der Mutter erschien als einziger Ausweg, und er erfolgte ganz und gar nicht abrupt. Eine andere Tochter berichtet, dass sie sich aus einer symbiotischen Beziehung zu ihrer Mutter befreien musste, »weil ich sonst erstickt wäre«. Zwei gegensätzlich erscheinende Mutter-Tochter-Konstellationen, die beide im Abbruch endeten.

»Ein Abbrecher geht wahrscheinlich dann abrupt weg, wenn er eine ambivalente, überfürsorgliche Bindung hat, diese nicht offen kommunizieren konnte, und wenn er ein zu wenig entwickeltes Selbstwertgefühl hat. Dadurch wird der oder die Verlassene mitverantwortlich gemacht«, erklärt Hugo Grünwald, Professor für Angewandte Psychologie an der Zürcher Hochschule für Angewandte Wissenschaften. Ist die Beziehung zu einem oder beiden Elternteilen eher abwertender Natur, erfolgt der Abbruch eher zeitversetzt, weil der Abbrecher, um sich zu schützen, die verletzenden Aussagen des Vaters oder der Mutter erst einmal verdrängt. Die Sprache ist ein Minenfeld, so die Philosophin und Schriftstellerin Connie Palmen: »Es ist nicht vorherzusehen, welches Wort oder Objekt eine Explosion auslösen und mich in umherfliegende Bild- und Satzscherben katapultieren wird, winzige Filmfragmente, achtlos mit der Gedächtniskamera aufgenommen.« Gäbe es solche Gedächtniskameras, könnte man diese oder jene Situation noch einmal abspulen, wie sie tatsächlich geschah. In unserer Erinnerung verändern sich die Situationen, während wir sie immer und immer wieder durchspielen, um sie zu begreifen. Irgendwann sind sie nicht mehr das, was sie waren, sondern das, was wir glauben, was sie waren. »Objektivieren« lassen sie sich nur im Gespräch mit dem anderen. »Was soll ich tun, wenn ich seit Jahren gegen eine Schweigemauer renne?«, fragt eine Abbrecherin, die über Jahrzehnte versucht hat, mit ihren Eltern zu sprechen. Und sie stellt berechtigte Fragen: »Wieso ist es nicht möglich zuzuhören? Warum ist es so schwierig, sich in den anderen hineinzuversetzen?«

»Einfühlung setzt ein entspanntes Erlebnisfeld voraus. Wo Angst oder Wut dominieren, hat die Empathie keinen Platz mehr, so wünschenswert und hilfreich sie wäre. Konflikte in Familien oder am Arbeitsplatz entstehen immer dann, wenn die Gegner sich nicht mehr verstehen, das heißt, sich nicht in den jeweils anderen versetzen können«, so der Psychoanalytiker Wolfgang Schmidbauer in seinem erhellenden Werk *Das kalte Herz*.

Andererseits gibt es die vielen Fälle, in denen sich die Abbrecher tatsächlich nicht vorwagen und in denen kein Wort des Widerspruchs ihre Lippen verlässt. Anja, eine gutaussehende Mittvierzigerin, hat sich jahrzehntelang zurückgehalten, ihrer Mutter nie gesagt, dass sie sich von ihr ungeliebt und abgelehnt fühlte. Von einem Tag auf den anderen brach sie den Kontakt zu ihrer Mutter ab, auch wenn sie selbst darunter unendlich litt: »Meine Mutter ist die wichtigste Person in meinem Leben. Sie ist aber auch die Frau, die eigentlich bedingungslos zu mir stehen sollte! Aber das tut sie einfach nicht«, sagt Anja mir weinend in einem der vielen persönlichen Gespräche, die wir über Jahre hinweg miteinander führten. Ich habe Anja in Frankfurt bei einer Lesung aus meinem ersten Buch *Funkstille* kennengelernt. Nach einer lebhaften Diskussion, an der sie sich nicht beteiligt hatte, stand sie vor mir und hielt mir ein Exemplar des Buches für eine Unterschrift hin, schweigend, zitternd, mit Tränen im Gesicht. Sie schrieb ihre Telefonnummer auf einen Zettel und verschwand, ohne ein Wort gesagt zu haben. Also rief ich sie einige Tage später an, wir trafen uns, und sie erzählte mir ihre traurige Geschichte.

So schweigsam und schüchtern, wie sie sich bei unserem Kennenlernen zeigte, ist Anja nicht. Im Gegenteil: Sie erzählt gerne und gut und könnte mit ihrer lebhaften, gewinnenden Art eine ganze Gesellschaft aus dem Stand unterhalten. Gleichzeitig wirkt sie ängstlich, unsicher und zurückhaltend. Zu ihrer Mutter, die 400 Kilometer entfernt lebt, hat sie seit einigen Jahren keinen Kontakt mehr. »Ja, natürlich ist es schwer, wenn ich ihr das nicht mitteile, wahrscheinlich ist sie noch enttäuschter von mir. Sie wird sich durch mein Verhalten bestätigt fühlen. Was immer ich falsch gemacht habe, unterstreiche ich dadurch ja noch mehr. Aber ich habe es nicht anders geschafft. Sie konnte mich nicht so lieben, wie ich es wollte. Sie konnte mich nicht so nehmen, wie ich bin. Vielleicht habe ich ihr sogar einen Gefallen getan. Endlich ist sie mich los!«, überlegt Anja. Sie weiß, dass das nicht der Fall ist, doch sie neigt dazu, sich selbst herabzusetzen. Ob sie ihre Mutter mit dem Schweigen bestrafen wolle, frage ich. Anja verneint: »Mit Bestrafung hat das aus meiner Sicht wenig zu tun, höchstens unterbewusst. Ich hatte einfach keine Kraft mehr, mit ihr zu reden. Ich musste mich immer komplett verstellen. Ich passe nicht in diese Familie. Besser, wenn ich aus dem Leben dieser Personen einfach verschwinde, deswegen auch dieser abrupte Kontaktabbruch. Mein Schweigen sagt ihr: Ich will nicht mehr!«

Anschaulich und als sei es gestern geschehen beschreibt sie eine Szene, die sie Jahrzehnte zuvor tief verletzt hat: »Ich ging als Aupair nach Amerika, war gerade 18 Jahre alt geworden und verließ zum ersten Mal meine Heimatstadt. Meine Mutter brachte mich zum Bahnhof. Dort warteten Schulkameraden, um mich zu verabschieden. Als meine Mutter sie sah, drückte sie mir den Koffer in die Hand und sagte: Du hast ja genügend, die dich verabschieden. Sie drehte sich um und ging. Das tut heute noch unsagbar weh!«

Ihre Mutter erinnert sich nicht mehr an diese Situation. Sie verstehe ihre Tochter zudem nicht im geringsten, erklärt sie mir bei einem Besuch. Fast hat man den Eindruck, dass sie den Abbruch der Tochter gar nicht richtig wahrnimmt. Anja sei eben anders als sie. »Ich habe keine Ahnung, welche Laus ihr über die Leber gelaufen ist«, meint sie lapidar.

Was will Anja ihrer Mutter durch ihr Schweigen mitteilen? »Liebe mich, wie ich bin! Akzeptiere mich, wie ich bin! Nimm mich wahr! Sieh mich!«, erklärt Anja die nicht gesagten Worte. Diese Botschaft kommt nicht an. Ihre Mutter macht sich, wie es scheint, keinerlei Gedanken darüber, wie die Situation vor dem Kontaktabbruch war. Anscheinend fehlt ihr das Gefühl dafür, wie sehr ihr Verhalten die Tochter verletzt hat, etwa bei der vermeintlich banalen Szene am Bahnhof. Diese Kränkung war zusammen mit vielen anderen verletzenden Situationen und dem Grundgefühl des Sich-nicht-verstanden-Fühlens eine Zeitbombe, die 20 Jahre verzögert zündete. Selbst Anja verstand in dem Moment, als die Mutter sie vor dem Bahnhof stehenließ, nicht, dass diese einen weiteren Stein auf die Mauer zwischen ihnen gesetzt hatte. Lebensbestimmende Erfahrungen sind eben oft von leiser Art. Erst nach und nach entfalten sie ihre grundstürzende Wirkung.

Deshalb macht es Sinn zu schauen, wo die Funkstille begann, wann der Riss in die Beziehung kam. Die Funkstille entsteht eher leise, beiläufig, ja lautlos und ohne Vorwarnung. Aus diesem Grund ist es für beide Seiten so schwierig, rechtzeitig einzulenken, etwas zu tun, um das Dilemma abzuwenden und die Beziehung zu retten. Die wichtigsten Dinge erschließen sich leider erst retrospektiv.

In den Zuschriften derjenigen, die verlassen wurden, werden oft »auffällige Verhaltensweisen« des Abbrechers, »plötzliche Rückzüge«, ein ständiges Hin und Her, eine Unzuverlässigkeit beschrieben. Der Abbrecher sei wenig auskunftsfreudig gewesen, habe ein Geheimnis um seine Person gemacht, den anderen zu kontrollieren versucht und sich widersprüchlich verhalten. Vor allem aber habe er oder sie mit zweierlei Maß gemessen. Trotz alledem sind die Verlassenen vielfach vollkommen verstört und können nicht begreifen, dass der andere so herzlos und kalt den Kontakt abbrechen konnte. »Es ist das emotional schlimmste Erlebnis, das ich als Mensch zu verarbeiten habe. Was mir besonders schwerfällt, ist die ewig gleiche Frage nach dem Warum; ich spekuliere herum und wünschte mir mehr als alles andere auf der Welt, dass sie mir wenigstens diese Frage beantwortet!« – »Es vergeht kein Tag, ohne dass ich daran denken muss und mich frage: Warum? Warum passiert uns das? Was habe ich falsch gemacht? Habe ich überhaupt etwas falsch gemacht?« Aber auch: »Warum ist er so gemein? So undankbar? So verletzend? So abweisend?«

Eine andere Leserin jedoch beschreibt die Funkstille als ein fast natürliches Ende einer notorisch schwierigen Beziehung: »Ich bin in einer Familie aufgewachsen, die Konflikte in der Regel mit Kontaktabbrüchen ›klärt‹. Sei es mit der Flucht in den Alkohol, in Dominanzstrategien oder eben in die Funkstille. Die Funkstille ist für mich ein lautes Signal und steht am Ende einer langen Reihe von wechselseitigen Kontaktabbrüchen. Dieses Signal hat vor allem eine Aussage: Wir sind nicht in der Lage, miteinander in Beziehung zu gehen.«

Die Stille vor dem Sturm ist also trügerisch. Die Unstimmigkeiten, die kleinen oder großen Verletzungen, die Sprachlosigkeit und die nonverbale Gewalt gab es schon vor dem tatsächlichen Bruch. Die Ruhe, wenn das Ende naht, ist eine scheinbare.

Der Abbrecher: ein »Schläfer«?

Viele Verlassene haben lange Zeit vor dem Bruch intuitiv gespürt, dass »etwas nicht stimmte«, doch sie haben es abgetan, nicht ernst genommen, ihrer eigenen Wahrnehmung nicht getraut.

Verlassene schreiben mir häufig, dass sie das, was ihre Intuition ihnen sagte, nicht prüften und keine Fragen stellten, weil sie den anderen nicht unter Druck setzen, ihn nicht verärgern oder verletzen wollten. Doch nur das Miteinander-Reden legt die wunden Punkte frei. Sie anzusprechen erfordert Mut.

Diana, eine erfolgreiche Unternehmerin, Mitte 40, sehr attraktiv, kann beim besten Willen nicht verstehen, auf welche Weise sich ihr Mann aus dem gemeinsamen Leben gestohlen hat. 15 Jahre war sie mit dem etwas jüngeren Mann zusammen. Nach 14 Jahren heirateten sie, ein Jahr später ging er – ohne ein Wort und ohne irgendetwas mitzunehmen, nicht einmal seine Kleidung. Er betrat das gemeinsame Haus nie wieder. Keine Erklärung, nicht einmal bei Gericht, als die Scheidung drei Jahre nach der Funkstille ausgesprochen wurde. Es war das erste Mal, dass Diana Johannes seit seinem Weggang sah. Selbst Anwalt und Richter zeigten sich irritiert. Dianas Anwalt sprach seinerzeit von einem »Kapitalverbrechen«. Sie aber fragt sich vor allem: Habe ich mich 15 Jahre lang in meinem Mann getäuscht? War die ganze Zeit über »alles Lüge«?

»Grundsätzlich ist es falsch, aufgrund der missglückten Schlussepisode die ganze Beziehung in Frage zu stellen«, überlegt der Schweizer Psychologe Hugo Grünwald. »Eine Interpretation könnte sein, dass dieser Mann grundsätzlich Mühe hat, Konflikte, negative Gefühle auszuhalten und durchzustehen. Die andere Interpretation wäre, dass der Kontaktabbruch ein aggressiver Akt ist, bei dem der Mann davon ausgeht, seine Ex-Partnerin zu verletzen, nachdem er für sich selber Verletzungen in der Beziehung im Sinne eines geheimen Schuldenkontos geführt hat.«

Diana wüsste nicht, was sie sich vorzuwerfen hätte. Sie vertritt Werte wie Ehrlichkeit, Anständigkeit und Vertrauen. Ein Eheversprechen gilt, eine Beziehung ist kostbar und schützenswert. Sie nahm an, dass Johannes ähnliche Werte vertrat. Wäre man sonst so lange zusammen gewesen?

Wie hätte Diana erkennen können, dass Johannes' Verhalten nicht unbedingt ein Abbild seines Seelenzustandes war? Oder hatte er – oder sie – sich schleichend verändert? Eher nein, sagt sie. Bleibt die Frage, ob ihr Mann ihr je wirklich nahe war. Was nicht war, nicht existierte, muss man auch nicht beenden.

Manchmal, sagt Diana, komme Johannes ihr wie ein »Schläfer« vor, wie ein Terrorist, der sich jahrzehntelang unauffällig verhält und dann sich selbst und andere in die Luft sprengt. Sie hat einfach nicht gesehen, wie er seinen Anschlag vorbereitete. War sie blind? Wollte sie Konflikten aus dem Weg gehen?

Wie viel sagt Dianas Version der Geschichte über ihre eigenen Sehnsüchte und Ideale aus? Haben sie und Johannes ihre Wahrnehmungen aufgespalten? Haben beide sich täuschen lassen, Worte und Blicke des jeweils anderen nicht dechiffriert? Gab es möglicherweise eine Wunde, die älter war als die gemeinsame Geschichte? Diana kennt die Daten der Biografie ihres Mannes, aber nicht die Gefühle, die damit verbunden sind. Doch Erinnerungen sind immer von Gefühl umkleidet und daran gebunden. Dann wäre die Funkstille gar nicht so sehr mit Dianas Person verknüpft.

Ich frage Diana, ob es Anzeichen für eine frühere Verletzung gab. Keine für das Umfeld sichtbaren, entgegnet sie mir. Der abrupte Bruch kam auch für Freunde und Angehörige wie aus heiterem Himmel.

In diesem Punkt ähneln sich die Berichte der Verlassenen. Ist das Erstaunen über den Bruch so groß, weil die Verlassenen in der Beziehung keine Veränderung zulassen wollten? Die Intuition erfasst Dinge in ihrer Bewegung. Doch was ist, wenn die Beziehung festgefahren ist und sich nichts bewegt?

Anjas Mutter zumindest sperrte sich gegen jeden Wandel, wollte ihre Tochter zwingen, in der Nähe zu bleiben, hatte nach deren Ausbildung sogar schon eine Wohnung für sie im gleichen Häuserblock gefunden. Anja wollte aber nicht in ihrer Heimatstadt Hannover bleiben. Sie zog es in die Welt, ein Job bei einer Fluglinie führte sie nach Frankfurt. Ihre Mutter freute sich nicht über die Karriere der Tochter, hätte sie lieber in der Nähe gehabt, als Sekretärin oder Kassiererin. Vielleicht machte Anjas Entwicklung ihr Angst, weil sie nicht mithalten konnte – also ignorierte sie die Träume und Pläne der Tochter. Vielleicht taten sie ihr auch weh – waren es nicht einst ihre eigenen Träume gewesen, die sie nicht verwirklichen konnte, weil sie mit Anja schwanger war? »Auch das stand immer unausgesprochen zwischen uns. Meine Mutter konnte nicht leben, wie sie wollte, weil ich ihr dazwischenkam«, glaubt Anja. Natürlich spürte sie immer, dass sie ein ungewolltes Kind war, und natürlich musste sie dieses Gefühl ein Leben lang verdrängen – bis heute. Anja entfernte sich schleichend von ihrer Mutter, die das aber nicht wahrnahm, obwohl Anja immer seltener nach Hause kam und bei Familienfeiern fehlte.

Doch auch wenn die Wolken am Beziehungshimmel sichtbar und Unstimmigkeiten nicht zu leugnen waren, trifft die Funkstille »mitten ins Herz«, so der smarte 40-jährige Ralf aus Berlin. Seine ehemalige Freundin Isa hat nach 21 Monaten Beziehung plötzlich den Kontakt zu ihm abgebrochen, ohne klärende Worte. Er habe sie verletzt, sagte sie lediglich. Wie und wann, erklärte sie nicht. Im Rückblick ist Ralf erstaunt, wie unterschiedlich sie wohl doch waren, auch wenn ihm dies zunächst nicht auffiel, im Gegenteil: »Wir hatten uns über das gemeinsame Interesse an gesellschaftlichem Engagement kennengelernt und empfanden auch sonst sehr schnell eine tiefe Sympathie füreinander – die berühmte Vertrautheit; so, als hätten wir uns schon lange gekannt. Es gab auch wirklich zwischen uns sehr viele Übereinstimmungen – in Dingen, die wir gerne taten, wie wir Zeit verbringen wollten, worauf wir achteten: bestimmte Werte, die uns wichtig waren. Allerdings kam es schon früh in der Partnerschaft zu Konflikten, die nach meinem Eindruck immer nach einem sehr ähnlichen Schema abliefen: Wenn einer von uns vermeintlich oder tatsächlich etwas kritisierte, empfand der andere das sehr schnell als einen generellen Angriff auf seine Person. Nach einer ersten großen Krise Anfang 2011 mit einem sehr intensiven Gespräch und einer anschließenden Versöhnung hatte ich dann den Eindruck, dass wir uns der Probleme mehr und mehr bewusst wurden und dass wir auf einem guten Weg waren, sie zu lösen. Deshalb traf es mich wirklich wie eine Baseballkeule, als Isa mich in einem Telefonat vor die vollendete Tatsache stellte, dass unsere Beziehung vorbei war. Es gab keine letzte Warnung oder Ähnliches – für mich kam die knallharte Ansage, dass es einfach aus ist, aus heiterem Himmel«, erklärt Ralf, der als Umweltingenieur arbeitet. Dass seine Ex-Freundin ihn in den Entscheidungsprozess nicht miteinbezog, quält ihn bis heute. Etwas Schlimmeres habe er bis dahin nicht erlebt, erzählt Ralf bei unserem ersten Treffen. Es war nicht nur die Verzweiflung, die sofort spürbar war, sondern auch das völlige Fehlen jeglichen Selbstbewusstseins und jeder Hoffnung, dass er irgendwann wieder glücklich sein könnte. Die Funkstille hatte ihn in seiner Grundsicherheit tief erschüttert und die Schuldfrage quälte ihn jahrelang. Er sei ja wohl nicht besser als ein mieser Verbrecher gewesen, der seine Freundin zu dieser »Gewalttat«, wie er den Abbruch nannte, provoziert hatte. Hat sie ihn aus Notwehr aus ihrem Leben verbannt? »Warum musste sie sich vor mir retten? Ich habe sie doch nur geliebt!«, bekräftigt Ralf immer wieder.

Warum werden Anzeichen übersehen, Signale überhört?

Im *Funkstille*-Buch habe ich erklärt, was die Funkstille in der Schifffahrt bedeutet: Sie beschreibt die Einstellung des Funkverkehrs, um den Empfang von Notsignalen sicherzustellen. In der menschlichen Beziehung beschreibt sie den plötzlichen und wortlosen Abbruch einer Beziehung. Das Notsignal des Abbrechers lautet: Bitte höre, was ich nicht sage.

Doch Signale gab es schon vor der Funkstille. Sie wurden jedoch im Alltag des Miteinanders überhört, auch offensichtliche Zeichen nicht wahrgenommen oder, wenn sie doch bemerkt wurden, schnell wieder verdrängt. »Ich ahnte, dass wir es nicht schaffen könnten, unsere Liebe in den Alltag zu retten«, sagt Ralf. »Jede gelebte Liebe ist eine Entwürdigung der Liebe. (...) Doch es gibt keine Ferien für die Liebe. Die Liebe muß man ganz leben, samt ihrer Langeweile und allem, davon gibt es keine Ferien, das ist nicht möglich«, erklärt die Schriftstellerin Marguerite Duras. Ralf fragt sich immer wieder, wie sinnvoll eine Auszeit von der Beziehung gewesen wäre. Oder hätte er umgekehrt noch hartnäckiger, noch klarer in seinem Bekenntnis zu seiner Freundin, samt den Konflikten, die eine Beziehung immer begleitet, sein müssen? »Liebe braucht Ausdauer, den Willen, aus dem, was Zufall war, etwas anderes zu machen«, sagt der französische Philosoph Alain Badiou in seinem philosophischen Buch *Lob der Liebe*.

So misstrauisch Ralf und Isa waren, jeder sich selbst gegenüber, so erstaunt war Ralf dennoch, als Isa das Ende der Beziehung verkündete. Er war trotz Alltagsstreitereien nicht darauf gefasst. »Wahrscheinlich hat Isa mir schon vor dem Ende unserer Beziehung gelegentlich Warnungen geschickt. Aber ich habe sie nicht verstanden. Manchmal lag das vielleicht wirklich daran, dass ich nicht aufmerksam genug war. Meist, denke ich, hat sie es aber versäumt, die Warnungen so auszusprechen, dass sie sich sicher sein konnte, dass sie bei mir ankamen. Sie ging davon aus, dass ich das einfach verstehen muss.«

Vielleicht war aber auch Ralf in einem Stresszustand, weil er merkte, dass sich Isa ihm nach und nach entzog. Die Emotionsforschung zeigt: Unser Radar für Chancen funktioniert besser, wenn wir in positiver Stimmung sind und uns nicht durch Stress oder Ärger den Blick verengen lassen. Der Tunnelblick, der in stressigen oder auch angstbesetzen Situationen die Informationsaufnahme verengt, macht blind für Auswege, für alternative Lösungen und Chancen.

In seiner Abhandlung *Die Kriegskunst*, verfasst um 500 v. Chr., lehrte der Chinese Sunzi: »Jede Kriegsführung gründet auf Täuschung. Wenn wir also fähig sind anzugreifen, müssen wir unfähig erscheinen; wenn wir nahe sind, müssen wir den Feind glauben machen, dass wir weit entfernt sind;

wenn wir weit entfernt sind, müssen wir ihn glauben machen, dass wir nahe sind.« Hat Isa, um sich zu verteidigen, zu den Waffen des Krieges gegriffen?

Getäuscht fühlt sich auch Diana. Waren sie und Johannes sich nicht nach der Heirat und den gemeinsam verbrachten Wochen in Afrika besonders nahe, oder ist dies eine krasse Fehlwahrnehmung? Sie sucht in den Bildern ihrer Erinnerung nach den kurzen zufälligen Filmschnipseln, die manchmal nach dem Entwickeln noch am Negativ-Streifen hängen. Sie rekapituliert jeden Tag der letzten gemeinsam verbrachten Zeit, um herauszufinden, welche Signale Johannes ausgesendet hat.

Was sich beim Verlassenen in der ersten Zeit nach der Funkstille abspielt, ist jedoch kein systematisch-analytisches Denken. Es ist vielmehr die hartnäckige Wiederholung des immer Gleichen – in der Hoffnung, dass die unablässig repetierte Gleichung irgendwann zu einem anderen Ergebnis führt.

Wenn Johannes ihr in den Wochen vor dem Abbruch tatsächlich bewusst etwas vorspielte, sei das doch nur ein weiterer Beweis für seine Niedertracht, so Diana. Sie hatten eine schöne Zeit. Und doch, wenn sie jeden Tag einzeln scannt, muss sie erkennen, dass ihr Mann sie manchmal subtil beleidigte, dass kleine Nebenkriegsschauplätze sich auftaten, sei es, weil sie die falschen Postkarten kaufte oder das falsche Kleid trug. Dinge, die in den 14 Jahren Beziehung vor der Heirat nie ein Thema waren. Doch für Diana machten diese versteckten Andeutungen in dem Moment, in dem sie auftraten, keinen Sinn. Sie registrierte zwar einige Ungereimtheiten, aber ihr Lese-Raster war falsch. Außerdem konnte sie sich beim besten Willen nicht vorstellen, was sich zusammenbraute. Es passte weder in ihre Vorstellung von Moral noch in ihr Weltbild. Sie fügte sich, gab nach, um die vermeintlich schöne Urlaubsstimmung nicht zu gefährden, doch die Destabilisierung hatte längst begonnen.

Im Rückblick sehen viele Verlassene, die ihre Beziehung noch einmal überdenken, Vorzeichen, die aber seinerzeit nicht gravierend genug erschienen, um auf ein nahes Ende der Beziehung hinzudeuten. Doch wie sollte man etwa Diana oder Ralf daraus einen Vorwurf machen?

Und wenn Isa und Johannes gar nicht wussten, warum sie so handelten? Manchmal tut man etwas, weil man etwas anderes fürchtet, und manchmal weiß man gar nicht, warum man etwas tut. Alte Wunden zum Beispiel, die dem Abbrecher selbst gar nicht bekannt sein müssen – wie soll der andere sie erkennen? In diesem Zusammenhang spielt auch die transgenerationale Weitergabe von Verletzungen und Traumata eine Rolle, auf die ich später noch weiter eingehen möchte. Isa verlor als Kind ihren Vater. Er hatte Suizid begangen. Aufgearbeitet hat sie diesen Verlust nicht. Ralf wusste davon, drängte sie aber nicht. Er sah diese alte Verletzung sehr wohl, vielleicht interessierte ihn sogar diese Wunde unbewusst ganz besonders, doch es blieb bei der äußeren Betrachtung. Wie sollte er auch dieses Trauma mit ihr aufarbeiten? Ihre Verlassensangst traf auf seine Näheangst. Er hatte genug mit sich selbst zu tun; deshalb hatte er, schon bevor er Isa kennenlernte, eine Therapie begonnen. Derart »geschult«, verbuchte er Konflikte als Krisen, an denen man reifen kann und aus denen es immer auch einen Ausweg gibt. Aber ist eine permanente Krise noch eine Krise oder nicht vielmehr schon der Beginn eines Bruchs, der irgendwann endgültig wird?

Bis es soweit ist, nehmen die beiden Protagonisten, ohne es zu wissen, eine Verzichthaltung ein, um den offenen Konflikt zu vermeiden: Der Aggressor greift durch kleine, indirekte

Sticheleien an, so dass der andere destabilisiert wird, ohne dass es zum großen Streit kommt. Das Opfer leistet ebenfalls Verzicht und unterwirft sich aus Furcht vor einem Konflikt, der zum Bruch führen könnte. Es spürt, dass kein Verhandeln mit dem anderen möglich ist, dass er nicht nachgeben wird, und so geht es lieber Kompromisse ein als das Risiko einer Trennung.

Im Falle von Diana und Johannes ist gar nicht gesagt, dass Johannes die Trennung plante. Möglicherweise ist für Johannes in der Beziehung zu Diana ein altes Trauma wieder aufgebrochen. In diesem Fall hätte er in Wahrheit nicht Diana verlassen, sondern jemand anderen. Die Reinszenierung einer unverarbeiteten Verletzung ist gar nicht so selten der Grund für ein Verhalten, das man an sich selber nicht versteht. Viele Menschen haben wunde Punkte, von denen sie nicht unbedingt etwas wissen. Dennoch können scheinbar banale Ereignisse, sogenannte Triggerpunkte, alte Empfindungen von neuem aufbrechen lassen. Trennungen spielen dabei eine große Rolle – die akuten ebenso wie die befürchteten, die vorausgeahnten, aber auch die vergangenen und nicht verarbeiteten Trennungen. Traumata können auch Familiengeheimnisse sein, die nonverbal »vererbt« wurden. Das ist wie bei körperlichen Krankheiten: Oft erfahren wir erst später, dass wir wie der Großvater unter Rheuma leiden oder wie die Mutter an Diabetes.

Wo Triggerpunkte unbewusst und unausgesprochen bleiben, besteht die Gefahr, dass andere durch ein falsches Wort oder auch nur einen Blick alte Wunden aufreißen, ohne dies zu wollen. Vermeiden lässt sich dies nur durch offenes Miteinander-Reden. Oft genug eine archäologische Feinarbeit! Ralf machte sich nach der Funkstille auf die Suche nach den wunden Punkten seiner Ex-Freundin Isa und erkannte, dass es wohl viele Situationen gegeben hatte, in denen er sie unabsichtlich verletzte. Verletzungen bleiben oft auch deshalb unerkannt, weil derjenige, der verletzt wurde, seine Gefühle hinter Masken der Friedfertigkeit und Toleranz verbirgt. Niemals hat Anja, die den Kontakt zu ihrer Mutter abgebrochen hat, ihr gesagt, wie sehr sie deren Verhalten quält. Ihre Mutter kennt weder Anjas Träume noch ihre Pläne für die Zukunft. Wie aber soll sie wissen, was ihre Tochter stört, wenn diese es nicht klar und deutlich sagt? Andererseits: Hätte sie es nicht spüren können, müssen?

Ich frage den Schweizer Professor Hugo Grünwald, warum die Verlassenen nicht bemerken, dass im Inneren des Abbrechers ein Vulkan brodelt, und warum der Abbrecher seinen Unmut vorab nicht deutlich kommuniziert. »Es kann einerseits sein, dass sich der oder die Verlassene in solchen Konstellationen in der Beziehung zu sicher wähnte, Zeichen von Abgrenzung, zunehmender Autonomie zu wenig erkannte und würdigte. Andererseits ist davon auszugehen, dass abrupte Abbrecher wenig Fähigkeiten haben, ihre Gefühle und Bedürfnisse wahrzunehmen, und wenn sie diese wahrnehmen, Mühe haben, sie offen und klar zu äußern und damit das Risiko eines Konfliktes einzugehen.«

Wenn es vor dem Bruch weder Misstöne noch Streit gab, ist der plötzliche Abbruch einer Beziehung besonders rätselhaft. Dora und ihre Freundin Sandra sind seit der Berufsschule engste Freundinnen gewesen. 35 Jahre lang teilten sie ihre Geheimnisse miteinander, fuhren gemeinsam in den Urlaub, waren integriert auch in die Familie der jeweils anderen. Dann brach Sandra den Kontakt von einem auf den anderen Tag ab: »Es gab keine Anzeichen. Wir haben nie ein Kommunikationsproblem gehabt. Alles war in Ordnung. Vor Jahren habe ich mal ihren Geburtstag vergessen. Aber sie ist wie ich eine toughe Geschäftsfrau. Wir haben darüber gelacht. Es hat sich nichts angebahnt. Ich war fest davon überzeugt, dass wir mit 90 noch gemeinsam auf der Parkbank sitzen. Wie hätte ich ahnen können, dass unsere Freundschaft in diese Katastrophe mündet?« Dora war die Patentante der drei Töchter ihrer Freundin und Sandra die Taufpatin von Doras Tochter. Die inzwischen 20-jährige Silke, die seit ihrer Geburt von Sandra umsorgt wurde, kann deren Verhalten nicht verstehen. Sie akzeptiere den Bruch, sagt Silke, nehme Sandra aber übel, dass sie ihre Mutter so unglücklich mache. Niemals habe sie ihre Mutter so aufgelöst gesehen. »Meine Mutter ist eine sachliche Frau, die nicht zur Hysterie neigt. Sie hat schon herbe Schicksalsschläge gefasst gemeistert. Aber der Bruch mit ihrer besten Freundin hat sie völlig aus der Bahn geworfen.« Jemanden, der immer gewusst hat, wo es langgeht, muss die Funkstille aus der Bahn werfen. Die unerwartete Erschütterung ist größer als andere Wendepunkte, die sich im Leben doch immerhin erkennbar anbahnen.

Das Grübeln über widersprüchliche Botschaften

Wer keine Erklärung bekommt, fängt an zu grübeln. Das Gedankenkarussell kommt in Gang, die Überlegungen und Mutmaßungen drehen sich im Kreis. In der Medizin wird diese Spielart des Grübelns »Rumination« genannt, und tatsächlich kann das ständige Nachdenken über immer gleiche Dinge krank machen. Dies passiert dann, wenn die Betroffenen das Gedankenkarussell nicht mehr anhalten können.

Die Wahrscheinlichkeit, mit Grübelei zu einer Erklärung oder gar Lösung zu kommen, ist äußerst gering. Depressives

Grübeln wird durch negative Stimmungen ausgelöst, wie sie zum Beispiel durch Nichtbeachtung oder Ignoranz entstehen, die für eine Funkstille charakteristisch sind. Der Verlassene wird übersehen, negiert, durch Schweigen in seiner Existenz, seinem Da- und Sosein in Frage gestellt. Doras Aufgelöstheit ist also durchaus nachvollziehbar. Und Ralfs fast schon manischer Versuch, Isas Gründe für den Bruch zu erforschen, kommt der Rumination sehr nahe. Über acht Monate lang war er eindeutig depressiv, ohne therapeutische Hilfe wäre er schwerlich aus dieser Phase der ständigen Grübelei herausgekommen.

Das Grübeln wird verstärkt durch die widersprüchlichen Botschaften des Abbrechers. Der Verlassene sucht nach dem auslösenden Moment für den Kontaktabbruch, entdeckt vermeintlich verpasste Gelegenheiten, die Beziehung doch noch in Gang zu halten und kommt sehr wahrscheinlich irgendwann zu dem Schluss, dass er selbst nichts wert ist. Ralf hat nach einer langen Zeit des Grübelns seine Liebes-Würdigkeit komplett in Frage gestellt. Warum sollte jemand, der von seiner großen Liebe so brutal verlassen wurde, noch für irgendjemand anders liebenswert sein? Mit der Ausgangssituation, nämlich dem Beziehungskonflikt, haben Ralfs Gedanken am Ende kaum noch etwas zu tun. Im Sog seiner selbstquälerischen Überlegungen scheint ihm schließlich das komplette Leben nichts mehr wert.

Der Psychologe Dr. Tobias Teismann von der Uni Bochum nennt dies »Katastrophisieren«. Er rät, als Ausweg das Grübeln einfach zeitlich zu verschieben oder zu begrenzen, denn Grübeln, so Teismann, »ist immer schädlich, wenn der Handlungs- oder Problemlösungsbezug fehlt«.

Doch das Schweigen des Abbrechers und die lückenhaften Botschaften, die er oder sie häufig gerade in der Zeit vor dem endgültigen Bruch sendete, haben eben eine extrem verwirrende Wirkung.

Nach Marie-France Hirigoyen ist eine solche Art der Kommunikation »pervers«. Die Psychoanalytikerin geht davon aus, dass der Aggressor absichtlich eine Illusion der Kommunikation erzeugt, die in ihrer Widersprüchlichkeit den anderen destabilisieren, ja am Denken hindern soll. »Zur Durchsetzung des beherrschenden Einflusses bedient sich der Aggressor gewisser Vorgehensweisen, die die Illusion von Kommunikation bieten – einer eigenartigen Kommunikation, nicht geschaffen, um zu verbinden, sondern fernzuhalten und jeglichen Austausch zu verhindern«, so Hirigoyen in *Die Masken der Niedertracht*. Schon während die Beziehung noch besteht, wird auf diese Weise Gewalt ausgeübt: »im Unausgesprochenen, in den Anspielungen, in den absichtlichen Auslassungen«. Es ist eine Gewalt, die Angst erzeugt. Tatsächlich bestätigen viele Verlassene, dass sie sich irgendwann nicht mehr getraut haben nachzufragen, um die Beziehung nicht zu gefährden, letztendlich auch, um das geahnte Ende hinauszuschieben.

Woran erkennt man diese »perverse Kommunikation«? Beispielsweise daran, dass der eine den Fragen des anderen immer wieder ausweicht. Dass er oder sie bestreitet, dem anderen etwas vorgeworfen zu haben. Dass es immer wieder kleine, subtile Abwertungen gibt, jedoch nie einen offenen Konflikt. Sätze werden nicht beendet, alles verbleibt im Status der Andeutung. Die Botschaft des Kommunikationsverweigerers muss in diesem Sinne unklar bleiben, um rechtfertigen zu können, dass man dieses oder jenes ja niemals gesagt habe.

Doch wo ist der Sinn hinter dieser absurd erscheinenden Kommunikation? Worin liegt der Vorteil für den Aggressor? »Der Zweck all dessen ist es, die Gefühle und das Verhalten des anderen zu kontrollieren und es sogar so einzurichten, dass er am Ende zustimmt und sich selbst herabsetzt, mit dem Ziel, ihn zu beherrschen«, so Hirigoyen.

Leser berichten davon, dass diese Form der Kommunikation sie regelrecht mürbe gemacht habe, sie derart verunsichert habe, dass sie zu guter Letzt nicht mehr in der Lage waren, die Äußerungen anderer Menschen einzuschätzen. »Am Ende war ich eine Analphabetin der Gefühle, misstrauisch jedem gesagten Wort gegenüber, unfähig, ihm Glauben zu schenken. Ehrliche Personen schienen mir hinterhältig, Blender dagegen echt. Meine komplette Wahrnehmung musste neu geeicht werden«, schreibt eine Leserin, die mit ihrem Mann die beschriebene Art der Kommunikation erlebt hat.

Die fatale Wirkung des Nichtgesagten

Wenn Menschen in einen Dialog kommen, hat jeder der Gesprächspartner die Möglichkeit, Einfluss auf das Geschehen zu nehmen, ein Kontrollgefühl aufrecht zu erhalten und sich damit aus der Opferrolle zu schälen. Verhindert beharrliches Schweigen den Dialog, so hat derjenige, der schweigt, ein größeres Maß an Kontrolle über die Situation. Derjenige, der schweigt, bestimmt, wann er sein Schweigen bricht. Er entscheidet, ob Kontakt bestehen soll oder nicht. Sehr viele Abbrecher beschreiben, dass sie zuvor klar kommuniziert hätten, die Beziehung verändern oder nicht weiterführen zu wollen, dass aber der Verlassene einfach nicht zuhören wollte. Nun brauchten sie Abstand, Ruhe. Sie müssten sich schützen, nachdenken, ohne Druck.

»Das Schweigen vor dem Abbruch hat mich von innen erstickt«, so eine Abbrecherin. Diesem Gedanken folgend, hat der Abbrecher bereits unter einer Funkstille gelitten, während die Beziehung noch bestand. Diese Funkstille ging von demjenigen aus, der später der Verlassene sein würde. Der Abbrecher fand in der Beziehung keine Resonanz mehr. Vielleicht reinszeniert er diese verletzende Ignoranz, indem er sich nun seinerseits für das Schweigen entscheidet.

Die vielen Zuschriften der Abbrecher wie der Verlassenen bestätigen, dass die Wirkung der Funkstille im negativen Sinne »umwerfend« sein kann. Es gibt Verlassene, die sich aus Kummer das Leben nehmen wollen, und es gibt Abbrecher, die die Funkstille wählen, um zu überleben. Die Problematik ist existentiell, wie viele Leser beschreiben. Doch wieso kann etwas, das nicht ausgesprochen wird, eine derartige Wirkung entfalten? Das hängt sicherlich mit der ambivalenten Form der Trennung zusammen, wie sie bei einer Funkstille erfolgt: Da die Trennung nicht ausgesprochen oder zumindest nicht begründet wird, ist es schwer möglich, mit dem Geschehenen abzuschließen. Eine große Rolle spielt, wie bereits erwähnt, aber auch die Hoffnung. Die Wirkung der Funkstille basiert hauptsächlich auf Gewährung und Entzug von Hoffnung. Je rätselhafter und zufälliger ein Ereignis ist, desto mehr werden Neugier und Phantasie herausgefordert. Und diese Stimulation macht glücklich – oder eben unglücklich.

Menschen brauchen Erklärungen, um etwas zu bewältigen, Sinn, um zu verstehen, Versöhnung oder klare Worte, um abzuschließen, sonst bleiben sie in verhängnisvoller Weise, manchmal ein Leben lang oder sogar über den Tod hinaus, miteinander verstrickt.

Eine Leserin berichtete mir von einer Funkstille, deren Geheimnis sich erst nach dem Tod des früheren Partners lüftete. Ihre Liebe zerbrach vor 25 Jahren. Es sei eine außergewöhnliche Beziehung gewesen, in der beide durch starke Gefühle miteinander verbunden waren. Sie endete sehr schnell und in hochdramatischer Weise. Beide blieben in einer Art Schwebezustand gefangen. Die Frau heiratete, bekam Kinder, und doch konnte sie den Verlust des einstigen Partners, der sie seinerseits heiraten wollte und dann plötzlich den Kontakt abbrach, nicht verwinden. »Ein Abschluss unserer damaligen Beziehung war unmöglich, und es hat sich auch nichts an diesem Schwebezustand geändert. Meinen damaligen Lebensgefährten habe ich in mir eingemauert – verarbeiten konnte ich nichts. Er ist für mich auch heute noch präsent«, so Birgit. »Ich liebe ihn noch genauso wie damals. Mehrfach stand ich vor einer Kontaktaufnahme zu ihm. Im letzten Moment habe ich mich dann doch nicht getraut, die Emotionen waren zu gewaltig.« Und dann spricht sie etwas an, das viele nicht »einplanen«, wenn sie plötzlich den Kontakt abbrechen, ohne Erklärung und Versöhnung: Es ist ein Irrtum anzunehmen, dass für eine Kontaktaufnahme oder Klärung später ja immer noch Zeit sei. Denn es kann passieren, dass für alle Zeit Dinge ungesagt, nicht bewältigt und eingemauert bleiben. »Nun ist er tödlich verunglückt und nichts ist wiedergutzumachen«, schließt Birgits Bericht. Das mache die Funkstille noch tragischer. »Auch nach dem Tod hält in der Funkstille nichts inne. Alles bewegt sich. Es schmerzt. Es ist eine Verletzung, die weder heilt noch vernarbt.« Heute aber weiß sie, dass ihr Zögern nach seinem Heiratsantrag ihn Abstand nehmen ließ. Es gibt Aufzeichnungen seiner Gedanken, Berichte von Freunden, die sie nach seinem Tod befragte.

Auch im Zusammenhang mit Kontaktabbrüchen in Familien wird oft bereut, dass eine Versöhnung nicht mehr zu Lebzeiten stattfinden konnte. Eine Tochter beklagt den Abbruch durch ihre Mutter. »Nun hat sie ihr Geheimnis, den Grund für den Abbruch, mit ins Grab genommen. Dies ist unendlich schwer zu verkraften. Auch empfinde ich es als rücksichtslos von ihr, nicht mit mir Frieden geschlossen zu haben.« Schweigen bedeutet für den Verlassenen erst einmal: Ablehnung. Er sucht Klärung, will kommunizieren, um zu verstehen. Das Schweigen lässt jedoch zu viel Raum für Spekulationen, für Missverständnisse und den Konflikt befeuernde Überlegungen. Die Orientierung fehlt, und das ist äußerst schmerzhaft. Denn Orientierung ist eines der Grundbedürfnisse unseres Lebens.

Schweigen ist in erster Linie eine Kränkung, selbst wenn es eine Folge von Kränkungen ist. Professor Reinhard Haller, Psychotherapeut und Neurologe, betrachtet das Schweigen ähnlich wie Marie-France Hirigoyen als eine Form der Gewaltausübung. Er bezeichnet es als »Folterwerkzeug des Narzissten«. Kontaktverweigerung gehöre zum Arsenal psychischer Techniken des narzisstisch geprägten Menschen. Der gezielte Einsatz des Schweigens sei definitiv eine Waffe und ein Manipulationswerkzeug. Der Narzisst in seinem übersteigerten Selbstbild schweigt, um seine Gekränktheit zu demonstrieren, aber auch, weil ihm die anderen kein Wort wert sind. »Er spürt, welch ungemeine psychodynamische und emotionale Kraft vom Schweigen ausgeht«, so Haller.

Das Drama der Wahrnehmung: Was ist wahr?

In den vielen Zuschriften der Abbrecher und der Verlassenen geht es immer wieder um die Frage, was »wirklich« geschehen, was »wahr« ist. Doch wer sollte dies objektiv beurteilen können?

Jede Wahrnehmung modelliert sich die Welt, wie sie ihr

gefällt. Die Wirklichkeit ist also nie unmittelbar vorhanden. Auch Ralfs emotionale Buchführung des Beziehungsgeschehens vor und nach dem Bruch mit Isa kann nur der verzweifelte Versuch einer quasi-objektiven Darstellung des Dialogs sein. Das Gedächtnis kann trügen, auch wenn man das Gesagte protokolliert. Das Geschehen drumherum, der Kontext fehlt. Im Rückblick ist schwer auszumachen, welche Botschaften des anderen eine inhaltliche Substanz hatten und wo mit vielen Worten umkleidet wurde, so dass einfach nichts mehr da war.

Diana fragt sich, ob 15 Jahre Beziehung, ein gemeinsames Heim, schließlich die Ehe mit Johannes irgendeine Wahrheit enthielten. Vielleicht aber gab es neben ihrer Vorstellung und seiner Wahrnehmung eine Art dritte Realität? »Wir wissen doch auch, dass es Harmonisierer gibt. Bei der Harmonisierung ist eine ständige Verdrängung von Konflikten da. Keiner von beiden spricht Probleme an, aus Angst natürlich. Wenn man es schafft, 15 Jahre lang zu verdrängen, und das auch noch glücklich nennt, dann stimmt doch etwas ganz massiv nicht! Und irgendwann bringt einer von beiden den Verdrängungsmechanismus nicht mehr auf. Einer geht. Dies war dann ein Schutz für sie, weil er ihr damit zumindest nicht sagen musste, dass alles Lüge war«, so beurteilt Wolfgang Hantel-Quitmann die Situation.

Zu bleiben hieße in so gearteten Beziehungen also tatsächlich zu lügen?

Besonders häufig fällt diese Frage bei Kontaktabbrüchen in Familien. Mutter und Tochter erzählen mir die Geschichte ihrer konfliktreichen Beziehung. Es sind zwei völlig unterschiedliche Darstellungen. Doch beide halten ihre Geschichte für wahr. »Bleiben heißt lügen«, finden viele Abbrecher.

»Wenn ich das Gefühl habe, chronisch im falschen Film zu

sein, chronisch missverstanden zu werden, mit meinen Bedürfnissen nicht verstanden zu werden, dann muss ich irgendwann gehen, um mich selbst zu retten. Ich muss gehen, um mir selber treu zu bleiben«, so Wolfgang Hantel-Quitmann. Insofern sei der Abbruch erst einmal eine gesunde Reaktion.

Auch Hugo Grünwald bekräftigt, dass der Rückzug, wenn man nicht mehr man selbst sein könne, zunächst einmal durchaus Sinn mache. Der Partner, der nicht mehr zum anderen durchdringt, erlebt eine immer größere Inkongruenz zwischen seinem Selbstbild und dem, was sich im Alltag mit dem Partner abspielt. Um sich selbst noch im Spiegel anschauen zu können, sagt der Abbrecher sich dann irgendwann: »Wenn ich jetzt nicht gehe, lüge ich mich selber an.«

Wer ist Opfer? Wer Täter? Auch das sind Fragen, die fast in jedem Gespräch, jeder Zuschrift zur Funkstille auftauchen. Fast immer sind die Rollen klar vergeben, doch bei näherer Betrachtung trägt natürlich nie nur einer allein die volle Verantwortung für den Bruch. Manchmal sind die Betroffenen zugleich Abbrecher und Verlassene, so wie bei Maike: »Überraschend war für mich die Erkenntnis, dass die Rollen ›Verlassener‹ und ›Abbrecher‹ in unserem Fall gar nicht eindeutig zuzuweisen waren. Ich wurde zwar verlassen, war aber gleichzeitig auch die Abbrecherin der Kommunikation. Ich wollte nicht erklären, was mich an meiner Freundin, die im Gegensatz zu mir extrovertiert und laut war, störte. Anfangs bewunderte ich sie für ihre Unverfrorenheit, dann fand ich sie nur noch peinlich. Freundschaft muss man nicht erklären und damit auch nicht deren Ende. Ich erklärte mich nicht, war gereizt und streitsüchtig. Sie brach beleidigt ab.« Manchmal sind es genau die Dinge, die zwei Menschen aneinander anziehend fanden, die sie schließlich auseinanderreißen.

Der unbewachte Augenblick: Gibt es den Auslöser?

»Was ist der Auslöser? Manchmal denke ich, es war das letzte Telefonat, wo ich einen Scherz gemacht habe, den sie womöglich als verletzend empfunden hat, wofür ich um Entschuldigung gebeten habe, was aber vielleicht nicht ausgereicht hat, was aber vielleicht doch der Tropfen gewesen ist, der das Fass zum Überlaufen gebracht hat. Aber dann denke ich auch, das kann aber nicht alles gewesen sein, es müssen ja auch andere Gründe da gewesen sein«, schildert Ralf seine Überlegungen. Die Lappalie ist vielleicht der Auslöser, doch keineswegs der eigentliche Grund für das plötzliche Abtauchen der vertrauten Person.

Ohne Antworten suchen Ralf und Diana monate- und jahrelang den Auslöser des Unheils. Die Spurensuche soll die Ursache aufdecken. Der Fels, als der sich zumindest Dianas Beziehung darstellte, war bröckelig, aber wo? Auch Anjas Mutter erinnert sich nicht an ein bestimmtes Ereignis. Vielleicht sei es die letzte kleine Streiterei gewesen, vielleicht auch nicht, sagt sie demonstrativ gelangweilt. Plötzlich jedenfalls war die Tochter weg. Die Mutter beließ es dabei, forschte nicht nach. Sicher, ohne Verdrängen wäre ein Neuanfang nicht möglich. Doch schließlich sagt sie auch: Wer Schuld hat, schweigt. Die Tochter ist die Täterin, warum sollte sie sonst völlig unvermittelt abtauchen, wenn sie, die Mutter, doch nichts verbrochen habe? Es hat allerdings auch etwas Anmaßendes, den Ursprung zu benennen und damit zu definieren. Es ist mit einem Machtanspruch verbunden. Der Ursprung wäre die Antwort und damit gleichzusetzen mit der Vollendung.

»Wüsste ich den Auslöser, könnte ich besser abschließen«,

sagt Diana. Doch oft gibt es eben diesen einen Moment nicht, und selbst wenn es ihn gibt, wird er nicht immer vom Abbrecher selbst bewusst wahrgenommen. Die Liebe ist in einem unbewachten Moment erloschen, flackernd langsam oder abrupt durch einen Windstoß. Was macht das noch? Offenbar viel: Diana und Ralf wollen wissen, was sie falsch gemacht haben, auch, um daran zu reifen, sich weiterzuentwickeln.

Gibt es *den* Auslöser der Funkstille, wie zum Beispiel den einen Erreger einer Krankheit? Schwer zu sagen. Man kann immerhin versuchen zu schauen, wann und wo der Ärger hervorgerufen wurde.

»Man unterscheidet zwischen den Auslösern, der Erscheinung, der Verarbeitung und der Stabilisierung des Ärgers. Ausgelöst wird der Ärger anscheinend durch drei Komponenten: das Ärger auslösende Ereignis, die individuelle Ärgerneigung und die kognitive Bewertung der Situation. Was ärgert die Menschen am meisten, was macht sie wütend? Nach den Ergebnissen einer australischen Studie ärgern sich die meisten Menschen, wenn sie sich ungerecht behandelt fühlen, wenn sie unmoralische Verhaltensweisen aufspüren, es mit fachlicher Inkompetenz zu tun bekommen, nicht respektvoll behandelt werden oder im Beisein anderer gedemütigt werden«, so Wolfgang Hantel-Quitmann. Entscheidend sei, dass einer der Beziehungspartner das Geschehene beispielsweise als respektlos und demütigend empfindet, auch wenn es vielleicht gar nicht so gemeint war.

Es liegt eben im Auge des Betrachters, was verletzend ist und was nicht. Manchmal wurde vielleicht unwissentlich ein wunder Punkt berührt. Auch in engen Beziehungen wird nicht notwendigerweise über das gesprochen, was die Partner besonders kränkt – aus Gründen des Selbstschutzes oder auch, weil man selbst gar nicht weiß, was das ist.

Ärger sei, so Hantel-Quitmann, eine Verbindung aus Frustration und Aggression. Allerdings reiche Frustration allein nicht aus, um Ärger auszulösen. Manche Menschen reagierten in frustrierenden Situationen eher depressiv, selbstbeschuldigend oder resignierend. Ärger scheine nur dann zu entstehen, wenn das auslösende Ereignis auf besondere Weise interpretiert wird. Und Grundlage dieser Interpretation ist das bisherige Leben mit seinen Erfahrungen. Hinter den meisten Konflikten verbergen sich andere Konflikte, die ungelöst in uns schlummern. Das können Erfahrungen der Abwertung sein oder andere Erlebnisse, die uns traumatisiert haben, aber als solche nicht erkannt werden. »Man sollte also nicht den Fehler machen, das aktuelle Problem für das eigentliche zu halten, das Gefühl für sich allein zu betrachten, die Probleme nur für die Gefühle oder die Gefühle allein für die Probleme verantwortlich zu machen«, erklärt der Psychologe.

Die auslösende Situation ist selten der wahre Grund für eine Trennung oder einen Kontaktabbruch. Manche langjährigen Beziehungen enden mit banalen Ärgernissen, beispielsweise, weil der Mann eine abendliche Verabredung mit gemeinsamen Freunden vergessen hat. Bei solchen Trennungen liegt auf der Hand, dass der aktuellen Situation andere, tiefgehendere Verletzungen vorangegangen sein müssen. Der Moment, in dem einer geht und/oder den Kontakt abbricht, ist nur der Augenblick, in dem sich über Jahre aufgestaute Gefühle entladen.

Gibt es eigentlich den »Typus« des Abbrechers? Wolfgang Hantel-Quitmann unterscheidet bei den Menschen, die sich ins Schweigen zurückziehen, drei Varianten: Den »normalen Abbrecher«, den ängstlichen bzw. neurotischen und denjenigen, der Kontakte abbricht, weil er unter einer Persönlichkeitsstörung leidet.

Der »normale Abbrecher« ist derjenige, der in einer Beziehung über längere Zeit verzweifelt versucht hat, seine Bedürfnisse und Verletzungen zu kommunizieren und darin nicht gehört wurde. Er oder sie weiß sich nicht anders zu helfen, als die dauerhaft unbefriedigende und unglücklich machende Situation mit Schweigen zu beenden. »Normale Abbrecher« fliehen auf diese Weise mitunter auch aus der Beziehung mit persönlichkeitsgestörten Menschen, etwa solchen, die als Narzissten nur um sich selbst kreisen und nicht in der Lage sind, Beziehungen zu anderen einzugehen.

Die zweite Variante des Abbrechers, die neurotische oder angstgesteuerte, liegt vor, wenn derjenige, der den Kontakt abbricht, selbst gar nicht weiß, warum er das tut. Da gibt es etwas, das ihn oder sie dazu treibt, aber was das ist, bleibt erst einmal unbekannt.

»Ich hatte einmal eine Familie in Therapie«, berichtet Wolfgang Hantel-Quitmann. »Die Frau hat ihren Mann verlassen, als ihre Tochter in einem Alter war, in dem sie selbst das Weggehen des Vaters erlebt hat. Das nennen wir in der Psychotherapie den *Anniversary*-Effekt (*Anniversary* bedeutet Jahrestag, *Anm. d. A.*). Bei solchen Fällen wiederholt sich ein Geschehen oft über mehrere Generationen. Die Betroffenen wissen nicht, warum sie weggehen, den Kontakt abbrechen, und sie leiden selbst darunter. Dies ist ganz klar eine neurotische Angelegenheit, bei der die Angst etwas steuert und mir aber nicht klar ist, warum ich Angst habe. Ein anderer Fall: Eine Frau hat kurz vor dem vierten Geburtstag ihrer Tochter ihren Mann verlassen. In der Therapie kam heraus, dass ihr eigener sexueller Missbrauch mit vier Jahren begann. Drei Monate, bevor es aus ihrer Sicht gefährlich wurde, ging sie. Sie wusste aber gar nicht, was gefährlich hätte werden können. Sie dachte nur: Ich muss mein Kind in Sicherheit bringen. Warum sie so dachte, war ihr absolut nicht klar. Ihr Mann wusste natürlich auch nicht, was los war. Er wusste nicht einmal, wo seine Frau steckte. Es war der absolute Abbruch. Sie zog in eine andere Stadt und baute sich eine neue Existenz auf.«

Die dritte Variante des Kontaktabbruchs betrifft Menschen, die unter einer Persönlichkeitsstörung leiden, etwa schizophren sind, eine Borderline- oder eine narzisstische Persönlichkeitsstörung haben. In all diesen Fällen gilt, dass die Betroffenen gewissermaßen in ihrer eigenen Welt leben. Letztlich können nur sie selbst verstehen, warum sie etwas Bestimmtes tun, so Hantel-Quitmann.

In gewisser Weise schützen diese Menschen durch den Kontaktabbruch sich selbst und den anderen, meint der Experte weiter. »Das ist fast eine Art Weisheit.« Denn wirkliche Nähe könnte dazu führen, dass der Partner entdeckt, dass dem Menschen, dem er sich ganz nahe fühlt, ein Ich fehlt. »Wenn ich aufgrund einer schweren seelischen Krankheit mein Ich verliere und einen Realitätsverlust habe, also nicht wirklich einen Kern habe – wie beim Kern der Zwiebel –, dann muss ich aufpassen, dass es nicht zu einer wirklichen Begegnung mit einer anderen Person kommt, weil ich selbst keine reife Person bin. Ich muss immer wieder gucken, dass es nicht so weit kommt, dass erkannt wird, dass ich keine Identität habe. Es ist also eine Selbsthilfestrategie von Menschen mit ernsthaften psychischen Erkrankungen, den Kontakt abzubrechen. Weise ist es deshalb, weil man ohne einen solchen Kern, eine Identität, nicht in Beziehungen zu anderen gehen kann.« Die Menschen, die aufgrund einer ernsthaften seelischen Erkrankung den Kontakt abbrechen, sind also nicht in der Lage, andere Menschen zu verstehen.

Je nachdem, welche Variante einem Kontaktabbruch zugrunde liegt, kommen wir im konkreten Einzelfall zu jeweils unterschiedlichen Antworten. Darüber hinaus gibt es bei den drei genannten Grundvarianten sicherlich viele Untergruppen und Abwandlungen. Im nächsten Kapitel soll ein genauerer Blick auf die Motive einiger Abbrecher geworfen werden.

Zweites Kapitel

Abbrecher berichten über die Beweggründe ihres Schweigens

Machtkämpfe: »Ich wollte auf Augenhöhe kommen«

Dass jemand, der ohne Ansage oder Erklärung verlassen wird, dadurch seelisch zuweilen aus der Bahn geworfen werden kann, steht außer Frage. Dass es aber dem Abbrecher ähnlich ergehen könnte, ist erst einmal nicht offensichtlich.

Wer das Thema »Abbrechen« verstehen wolle, solle sich mit den Machtverhältnissen in Beziehungen beschäftigen, schreibt ein Leser, mit dem es einen längeren befruchtenden Austausch gab. Tatsächlich berichten viele Abbrecher von der Dominanz des später Verlassenen. Lara leidet unter der Übergriffigkeit ihrer Mutter, seit sie selbst eine eigene Familie hat. Sie hat alles erlebt: Erziehungsratschläge, ungefragte Eheberatung, eingeforderte Besuche oder überraschendes Auftauchen seitens der Mutter, erpresserische Versuche, den Kontakt zu erzwingen usw. Lara fühlt sich bedrängt, thematisiert dies aber nicht, weil sie dann ihre Verwundbarkeit zugeben müsste und damit noch weiter in den Strudel der Abwertungen geraten würde, wie sie befürchtet. Sie will ihrer Mutter standhalten, im gewissen Sinne gar ihrer Angriffe würdig sein. Immerhin wird sie auf diese Weise von der Mutter wahrgenommen, wenn auch nicht so, wie sie es sich wünschte.

In Familienbeziehungen wird der Abbruch oft lange hinausgezögert. »Man hat doch nur eine Mutter«, sagen die zögernden Töchter und Söhne, und doch belastet die Beziehung das eigene Leben so sehr, dass manche ans Ende der Welt ziehen, um dem quälenden Einfluss der dominanten Mutter zu entkommen. Tatsächlich sind es sehr häufig die Mutter-Tochter-Konstellationen, die lange konfliktträchtig schwelen. Söhne vereinnahmender Mütter versuchen eher, sich aus der klammernden Umarmung zu lösen. Der Abbruch ist der Versuch, endlich mit dem anderen, dem Mächtigeren, auf Augenhöhe zu kommen. »Würde es theoretisch gelingen, Verlassene und Abbrecher auf eine Stufe zu bringen, so dass sie sich auf Augenhöhe begegnen könnten, dann würden sie auch wieder miteinander reden. Es ist ja die unsichtbare Hierarchie, das Machtgefälle, was den Abbrecher zum Schweigen zwingt. Er ist ja geradezu zur Funkstille gezwungen, wenn er innerhalb solcher Konstellationen Autonomie und Selbstbestimmung bewahren möchte«, erklärt der erwähnte Leser, der die bestehenden Machtverhältnisse innerhalb von Beziehungen als das Grundübel ausmacht. Ihm geht es um die latente Gewalt innerhalb der Beziehungen, der man sich nur entziehen könne, indem man mit dem anderen bricht. »Um zu beurteilen, wer in einer Beziehung wen mehr verletzt hat, muss man verstehen, wer mehr Macht über den anderen ausgeübt hat. Hierarchie ist schon von Grund auf eine permanente seelische Verletzung, weil sie die Person und die Eigenständigkeit des anderen herabsetzt. Derjenige, der die Macht ausübt, wird ein weit größeres Interesse haben, die Situation so zu erhalten, wie sie ist. Nur der, der in eine Position der Ohnmacht gedrängt wird, wird bestrebt sein, die Situation zu verändern. Daraus lässt sich schließen, dass eher diejenigen ›wortlos‹ eine Beziehung beenden, die in ihr weniger Macht ausgeübt haben, die permanente Verletzungen zu erdulden hatten. Das eigentliche Schweigen findet vorher statt, nämlich das konsequente Ausschweigen über die latente Gewalt innerhalb einer hierarchischen Beziehung.«

Wer nach dem Kontaktabbruch schweigt, verändert die Hierarchie, wie ich bereits im *Funkstille*-Buch beschrieben habe. Der bislang Dominante rutscht in die Position des Ohnmächtigen, des Abhängigen, erniedrigt sich im Betteln um Kontakt. Nun fühlt sich der Verlassene schwach und unverstanden. Eine Rollenumkehr.

Der Abbrecher ist im Vorteil: Er braucht kein Einverständnis des Verlassenen. Allerdings hilft die Funkstille nicht zwangsläufig dabei, einen klaren Schlussstrich zu ziehen. Ebenso, wie es vor dem Abbruch keine Einigkeit in der Beziehung gab, fehlt nach dem Abbruch auch das Verständnis für das Schweigen des Abbrechers.

Lara entzog sich, kappte den Kontakt zu ihrer fordernden Mutter, was die Bedrängnis noch verschärfte. »Meine Mutter stand nun mehrfach am Tag vor der Tür, lauerte den Kindern vor der Schule auf, terrorisierte meinen Arbeitgeber. Was sollte ich tun? Sie anzeigen? Ich will sie doch nicht vernichten! Ist Schweigen dann nicht der beste Schutz? Ich dachte, sie wird dann schon Ruhe geben, wenn sie gegen eine Schweigemauer anrennt, doch es wurde immer schlimmer. Darüber geredet habe ich nicht einmal mit meinem Mann, der jedoch merkte, dass ich kurz vor'm Kollaps war.« Schweigen ist eine Form der Abwehr, um die zerbrechliche eigene psychische Integrität zu schützen. Auch deshalb schwieg Lara bereits vor der Funkstille über den Kern des Problems: die dominante Mutter, die nicht loslassen kann. Weil über den Konflikt ebenso wenig Einverständnis hergestellt werden konnte wie über die Beziehung, zog sich Lara ganz zurück, was das Drängen und Fordern der Mutter wiederum verstärkte.

Anja, die den Kontakt zu ihrer Mutter abgebrochen hat, erklärt auf die Frage, warum denn dieser harte Schnitt sein müsse, ganz ähnlich: »Weil ich zu dem Zeitpunkt nicht die Kraft hatte, mich mit meiner Mutter und ihrem Drängeln auseinanderzusetzen. Ich fühlte mich ihr einfach nicht ebenbürtig, und dann war es der einfachste und sinnvollste Weg zu sagen: Nein.« Sie wollte nicht mehr mitspielen, ging weg und sagte damit: »Bis hierher und nicht weiter.«

Die Dynamik der Funkstille bringt es mit sich, dass der Verlassene sich durch das Schweigen erst recht genötigt fühlt zu insistieren, und da die Mauer des Schweigens immer dicker wird, muss er immer heftiger und massiver dagegen angehen. Aus den Mails von Laras Mutter spricht die pure Verzweiflung, aber auch die Härte, mit der sie ein Leben lang versucht hat, die eigene Tochter zu dominieren. Da wird gedroht und beleidigt; die Mutter spricht von ihrer Qual und Todessehnsucht aufgrund des Kontaktabbruchs und davon, dass sie erwägt, Laras Arbeitgeber mitzuteilen, dass die Tochter »nicht mehr tragbar« sei.

Worin besteht aber der Schmerz der Mutter? Im Verlust ihrer Machtposition, mutmaßt Lara. »Ich habe ihr zum ersten Mal in ihrem Leben gezeigt, dass auch sie die Kontrolle verlieren kann, dass ich die Macht besitze, sie zu verunsichern, sie aus dem Konzept zu bringen. Das treibt sie eher in den Wahnsinn als der eigentliche Verlust. Es geht hierbei ganz sicher nicht um mich!«, schließt sie ernüchtert. Sie spricht inzwischen nur noch von ihrer »Ex-Mutter«.

Auch Anja, die vor Jahren den Kontakt zu ihrer Mutter abgebrochen hat, bestätigt: Die Funkstille schütze sie gegen die Allmacht ihrer Mutter, gegen die ständigen Niederlagen im Kampf darum, Gehör zu finden: »Natürlich fühle ich mich klein und ohnmächtig, weil die Erklärungsversuche in der

Vergangenheit nichts bewirkt haben. Man kapituliert, weil das, was man mitteilen wollte, nicht ankam, vielleicht auch deswegen, weil ich den Kern des Problems nicht angesprochen habe. Ich bin alle Wege gegangen, doch es hat sich nichts verändert. Man haut sich nur den Schädel platt, und das will man irgendwann nicht mehr! Es tut zu weh. Auch in meinem Schutzraum aus Schweigen tut es noch weh, aber es kommen keine neuen Schläge dazu!«

Anja, die in einem Problemviertel in Hannover aufwuchs und ihr Umfeld um Längen an Intelligenz, Bildung und Kreativität übertraf, kämpfte ständig um Anerkennung, die sie von ihren Mitmenschen nicht erwarten konnte. Ihre Mutter wollte, dass Anja sich anpasste, also sich nach unten orientierte, sich nicht abhob von ihr und dem Milieu, in dem sie lebten. »Ich wollte immer das Abitur machen, hatte auch die entsprechenden Noten, aber sie wollte mir die dafür nötige Unterschrift nicht geben. Sie zwang mich, eine Ausbildung als Steuerfachgehilfin zu machen. Ich aber wollte studieren. Sie hielt mich klein. Als ich mich als Au-pair in die USA bewarb, fiel sie aus allen Wolken. Klar, ich entzog mich ihrer Kontrolle, was ja auch Sinn der ganzen Übung war. Ich wollte da raus, nicht ihr Leben leben. Ich wollte immer aus diesem Viertel raus. Ich wollte nicht mit 15 schwanger oder drogenabhängig sein. Ich wollte anders sein als sie. Ich hatte Träume und wollte die auch umsetzen!« Sicherlich hatte Anjas Mutter Angst vor den Träumen der Tochter, vor den Befreiungsversuchen, etwa dem Plan, in ein anderes Land zu gehen. Die Tochter war unterwegs in eine Welt, die ihr, der Mutter, fremd war. Je stärker Anjas Wunsch nach Befreiung wurde, desto stärker zog die Mutter die Zügel an.

Aus Anjas und Laras Erfahrungen gewinnt man den Eindruck, dass eher der Dominante den anderen von sich wegtreibt. Das Spiel um die Macht funktioniert aber auch umgekehrt: Der unterlegene Abbrecher versucht, auf Augenhöhe zu kommen, und indem er nichts erklärt, versucht er den anderen bewusst nach und nach zu destabilisieren. Es gibt Zuschriften von Abbrechern, die zugeben, dass es ihnen Spaß gemacht hat zu sehen, wie der Verlassene auf der Suche nach einer Erklärung nach und nach den Boden unter den Füßen verlor und am Ende kopflos und erniedrigt den Kampf aufgab. Gewinner und Verlierer in einer Art Spiel: Das ist auch eine Form, Ordnung, wenn auch eine primitive, in ein durcheinander geratenes Leben zu bringen. Nichts daran zeugt von der Leichtigkeit oder Lässigkeit, die eigentlich zu einem Spiel gehört. Das Leben als Spiel zu betrachten, zeugt eher von Hoffnungslosigkeit und Fatalismus und von der angenommenen Gewissheit, dass es sich nicht lohnt, Beziehungen ernst zu nehmen. Was aber soll dann das Spiel? Charakteristisch sind in diesen Zuschriften vielmehr die Hoffnungslosigkeit, die angenommene Gewissheit, dass es sich nicht lohnt, Beziehungen ernst zu nehmen. Ganz fatalistisch gehen die Schreiber dieser Briefe und Mails davon aus, dass es mit der Liebe oder mit Beziehungen ohnehin nur schiefgehen kann. Wer an nichts mehr glaubt, glaubt allerdings auch nicht an sich selbst.

Contenance – oder: Der Schein trügt

Anja gilt als lebensfroh, unterhaltsam und lebhaft. Sie ist die Stimmungskanone in dem »vierblättrigen Kleeblatt«, das sie zusammen mit ihren drei besten Freundinnen bildet. Anja ist stets darum bemüht, bei anderen Neugier zu wecken, denn sie hat in ihrer Kindheit und Jugend erfahren, dass man sie um ihrer selbst willen nicht liebte. Bis heute versucht sie in ihrem Umfeld die Anerkennung zu bekommen, die ihr die Mutter bislang versagte. Ihre Freundinnen sind die wichtigsten Menschen in Anjas Leben, auch wenn sie einen festen Freund hat, der ihr etwas bedeutet.

»Ich ist ein anderer«, dichtete Rimbaud. Viele Menschen tragen einen Riss in sich, den sie vor sich selbst verbergen müssen. Sie tun dies, weil sie sich, wie Anja, schämen. Scham ist mangelnde Empathie mit sich selbst. Im Zusammenhang mit der Funkstille aber spielt die Einfühlung – in sich selbst und andere – eine entscheidende Rolle. Fehlende Empathie ist oft der Grund dafür, dass Beziehungen auseinandergehen oder Familien zerbrechen. Jeder ist sich selbst der Nächste, jeder achtet akribisch darauf, nicht verletzt zu werden und verliert dabei den Blick für den anderen. Einfühlung aber ist Ergebnis eines Austauschs, keine einseitig erbrachte Leistung.

Mangelnde Empathiefähigkeit ist der Hauptgrund für Näheangst. Man will dem anderen nicht zu nahe kommen aus Angst, von dessen Gefühlen – und den eigenen – übermannt zu werden. Es erfordert Mut und ein Mindestmaß an Selbstsicherheit, sich in Kontakte zu wagen.

»Ich hatte immer Angst, erkannt zu werden, wenn ich jemanden zu nahe an mich heranließ. Ich wollte nicht, dass meine Bedürftigkeit, meine Widersprüchlichkeit erkennbar wird«, erklärt Anja. Ihre Angst vor Nähe hat wiederum mit ihrer Mutter zu tun, die ihr nicht genug Liebe geben konnte. Der Hirnforscher Gerhard Roth erklärt, dass frühkindliche Erfahrungen hierbei prägend sind: »Nähe versus Distanz, Abenteuerlust versus Risikoangst – solche Gegensätze bestimmen uns vom ersten Tag an. Bei einer guten Bindung hilft die Mutter schon dem Säugling, sie zu bewältigen, und er lernt, dass das Leben mal gut und mal schlecht, eben vielschichtig verläuft. Wenn die Hirnregionen des Unbewussten aber durch frühe traumatische Erfahrungen geschädigt sind, gelingt das nicht«, so Roth.

Anja weiß um ihr Problem, sie ist zudem in therapeutischer Behandlung. Vertrauen in sich selbst und andere lässt sich jedoch nicht verabreichen wie eine Pille.

Jemanden zu brauchen erscheint Anja als Schwäche. Sie schämt sich dafür. Scham, so Wolfgang Hantel-Quitmann, sei die letzte Bastion gegen das Erkanntwerden. Aber warum wäre das so schlimm? »Weil man mich dann nicht mehr mögen würde«, glaubt Anja. Ihr fehlt das Mitgefühl für sich selbst und auch ein wenig für andere, verrät ihre Freundin Anna, die manchmal Anja darauf aufmerksam machen muss, dass auch sie Probleme hat.

Manchmal ist Anja von sich selbst überfordert. In solchen Zeiten bricht sie den Kontakt zu ihren besten Freundinnen ab. Meist passiert dies, wenn sie zuvor eine besonders schöne und enge Zeit miteinander verbracht haben. Nähe macht Anja immer von neuem bewusst, dass sie das, was sie hat, verlieren könnte. Und das umso mehr, als ihr diese Freundschaften ja eigentlich gar nicht zustehen. Denn wenn ihre »Mädels« erkennen würden, wie traurig und einsam Anja wirklich ist, würden sie sich sicherlich von ihr abwenden. Dass ihre Freundinnen, vor allem Anna, unter Anjas wiederholten Kontaktabbrüchen leiden könnten, kam Anja lange Zeit nicht in den Sinn. »Heute wissen meine Freundinnen, dass ich diesen Rückzugsraum manchmal brauche. Ich zeige: Ich kann jetzt grad' nicht kontakten, weil ich mich schlecht fühle. Ich habe zuerst nicht erkannt, dass es verletzend ist, wenn man sich zurückzieht, weil die andere Person ja gar nicht versteht, um was es geht«, so Anja. Sie muss sich zurückziehen, um sich zu schützen und neu zu sortieren; sie muss verschwinden, damit der innere Schmerz aufhört. Die Absurdität besteht darin, dass ihre Freundinnen gar kein Problem mit der »echten Anja« hätten. »Ich brauche diese Menschen, sie geben mir Kraft«, gesteht sich Anja ein. »Und wenn ich mir dann so unsicher bin, ihnen geben zu können, was sie verdienen an Freundschaft, dann ziehe ich mich zurück. Das Zurückziehen macht mich noch einsamer und lässt mich noch mehr fragen, ob ich gut genug für meine Freundinnen bin«, erklärt Anja, die inzwischen um diesen Mechanismus weiß, ihn aber dennoch nicht unterbrechen kann. Anja hat Angst davor, verletzt zu werden, selbst irgendwann die Verlassene zu sein. Also nimmt sie den gefürchteten Verlust vorweg und entzieht sich. Doch ihr Schweigen hat Folgen. Sie provoziert damit genau das, was sie eigentlich vermeiden will: Ablehnung. »Es ist schon paradox: Einerseits will ich ganz viel Nähe, und dann wiederum habe ich ganz viel Angst, weil ich in mir selbst so zerrissen bin, und ich weiß um so viele Probleme, die ich mit mir selber habe. Ich will den anderen nicht zu viel zumuten. Also ziehe ich mich dann wieder zurück, ohne mich zu erklären, und das ist der Grund, warum meine Mädels auch so genervt sind. Ich sag' nicht: Leute, ich brauche jetzt einfach Zeit für mich, denn ich muss mich jetzt sortieren. Ich muss Ordnung reinbringen, und das kann ich am besten allein. Ich komme wieder!« Auf die Frage, warum sie es denn nicht so erkläre, zuckt Tanja mit den Schultern. Noch einmal frage ich sie danach, warum Nähe ihr Angst bereite. Glaubt sie tief in sich selbst daran, dass andere Menschen ihr nur nahe sein wollen, um sie leichter verletzen zu können? Ich frage Anja auch, ob es weniger wehtue, wenn man sich inneren Schmerz selbst zufüge, anstatt ihn von anderen zugefügt zu bekommen. »Ja, definitiv!«, bestätigt sie sehr schnell. »Und es tut auch weh, wenn man alleine ist und nicht anrufen und sagen kann: mir geht's schon wieder schlecht, aber ich will ja meinen

Freundinnen gegenüber nicht zeigen, wie verletzlich ich oft bin. Und dass mich die Sache mit meiner Mutter so belastet, ist ja auch schwer zu vermitteln, weil ich trotzdem den Wunsch habe, geliebt zu werden, gleichzeitig aber denke, dass ich es nicht wert bin.« Vermutlich will Anja ihre Freundinnen auch testen, sie will herausfinden, ob sie sie trotzdem akzeptieren, auch wenn sie den Kontakt zu ihnen immer wieder einfriert. »Ja, vielleicht ist es ein Test, aber ein Test, der mir selber viel mehr wehtut, weil es ja viel schöner ist zu telefonieren und durch den Kontakt wieder bestätigt zu bekommen, dass man eben auch der Mensch ist, den sie haben wollen als Freundin«, so Anja.

Bei der Funkstille ist also oft das Selbstbild des Abbrechers gravierend beeinträchtigt. Was man an sich selbst nicht erträgt, soll auch für andere nicht erkennbar sein. Die Rolle, die Anja ihren Freundinnen vorspielt, wird für sie selbst zum Gefängnis.

Dora kann sich nicht vorstellen, dass sich ihre beste Freundin Sandra jahrelang verstellt hat. »Wozu?«, fragt die pragmatische Unternehmerin. »Es macht keinen Sinn. Ich denke, dass sie die Freundschaft genauso erlebt hat wie ich. Ich möchte ihr nicht unterstellen, dass das gespielt war, nicht so gemeint war. Das glaube ich nicht. Sie hat viel für mich getan, ohne nach Ausgleich zu fragen, und sie wusste, wenn sie mich anruft, bin ich für sie da. Das kann man nicht spielen. Das passt alles nicht. Das ist irre! Ich hätte nie für möglich gehalten, dass sie so etwas macht.«

Diana wundert sich manchmal über die Coolness ihres Mannes, über seinen Gleichmut, der doch wohl nur eine Maske war, hinter der er seine wahren Emotionen verbarg. Aber wozu? Aus Hilflosigkeit? Aus Feigheit? Hätte er seine echten Gefühle zugelassen, wäre womöglich schon früher der Damm gebrochen. »Wäre besser gewesen«, unterbricht Diana meine diesbezüglichen Überlegungen. Sie wäre dann vorbereitet gewesen, hätte sich nicht in trügerischer Sicherheit gewiegt und hätte reagieren können. Doch genau das wollte ihr Mann eventuell verhindern. Er wollte sie an seiner Entscheidung nicht teilhaben lassen. Warum? Feindbilder lassen sich nur dann korrigieren, wenn sich jemand exponiert, Nachfragen zulässt, die das eigene Weltbild in Frage stellen könnten. Da scheint der Abbruch ohne die Chance einer Gegenwehr sicherer.

Natürlich hat Diana überlegt, ob ihr Mann eine andere Frau kennengelernt haben könnte. Nichts sprach dafür, weder Freunde noch Kollegen hatten ihn mit einer anderen gesehen. War er eifersüchtig? Auf ihren Erfolg als selbständige Beraterin, auf ihr Vertrauen ins Leben und die Leichtigkeit, mit der sie Beziehungen knüpfte?

Eine Leserin schreibt: »Mein Freund war ständig eifersüchtig, ohne jeglichen Grund dazu gehabt zu haben. Niemals habe ich ihm einen Anlass gegeben, mir zu misstrauen, und doch tat er das. Waren es seine eigenen illoyalen und untreuen Gedanken, die er auf mich übertrug? Wie kam er überhaupt darauf? Nach sieben Jahren ging er ohne ein Wort.«

Verdrängte Eifersucht über eine lange Zeit ist häufig ein Grund für die Funkstille. Wolfgang Hantel-Quitmann macht deutlich, dass Eifersucht ein Zeichen von massiver Verlustangst ist. Nicht wenige brechen aus Angst vor dem Ende der Beziehung den Kontakt ab, um so wenigstens ein bisschen die Kontrolle zu behalten. »Es kann auch zu starken Verlustängsten und in der Folge davon zu quälender Eifersucht kommen, weil die aufkommenden Ängste älter sind als die jeweilige Beziehung. Für manche Menschen gibt es eine tragische Verknüpfung zwischen dem Anstieg der Liebesgefühle und ihren

Verlustängsten: Je mehr sie lieben, desto mehr Angst haben sie, diese Liebe zu verlieren, und desto eifersüchtiger werden sie.«

Tatsächlich berichten meist männliche Abbrecher, ihre Eifersucht sei so groß gewesen, dass ihnen der Kontaktabbruch als einzige Möglichkeit erschien, ihre Angst zu besiegen. Ein Mann um die 40 schrieb: »Ich habe zu meiner wirklich sehr geliebten Freundin den Kontakt abgebrochen. Ohne Erklärung, denn was hätte ich ihr sagen sollen? Dass es mich krank macht, sie mit anderen Männern zu sehen, dass ich ihr nicht traue und dass ich meinen eigenen Gefühlen auch nicht traue? Ich hätte sie manchmal vor rasender Eifersucht umbringen können. Sicherer erschien es mir dann, den Kontakt abzubrechen.«

Bleibt die Frage, ob er seine Freundin tatsächlich geliebt hat oder ob nicht eher er, der Abbrecher, nach Liebe dürstete. Er brauchte die Liebe seiner Freundin, als Bestätigung dafür, dass er liebenswert ist.

Die Angst, erkannt zu werden

Sigmund Freud und seine Tochter Anna beobachteten, dass unser Ich unbewusste Strategien entwickelt, um auf traumatische Erfahrungen zu reagieren – auf Verluste, Kränkungen, unlösbare Konflikte. Die »Abwehr«, wie Freud sie nannte, ist dem Immunsystem des Körpers vergleichbar: Während dieses Antikörper und Gerinnungsstoffe produziert, um Infektionen zu bekämpfen oder Wunden zu verschließen, beeinflusst die seelische Abwehr die Wahrnehmung der Realität – und schützt so das Ich vor zu heftigen Erschütterungen. Je empfindsamer, ungefestigter dieses Ich ist, desto heftiger fallen die Abwehrreaktionen aus. Einem misshandelten Kind bleibt oft nichts anderes übrig, als sich vor unfassbaren Erlebnissen in Wahnwelten zu flüchten oder in blinde Aggression, die es an seiner Umwelt oder am eigenen Körper auslebt. Ein stabileres Ich wählt konstruktivere Abwehrstrategien: So kann aus der Erfahrung eines bitteren Verlusts der Wunsch erwachsen, anderen in ähnlicher Situation zu helfen – und damit auch sich selbst. Eine traumatische Kindheit kann ihren Schrecken verlieren, wenn sie zum Rohstoff für ein Kunstwerk wird. Und eine Demütigung wird erträglicher, wenn man über sie lacht. Neben Altruismus, Sublimation und Humor gehört aber auch Verdrängung zu den reifen Abwehrstrategien, weil sie es dem Ich ermöglicht, sich mit seiner Vergangenheit zu versöhnen.

Wer Nähe abwehrt, weil er Angst davor hat, als der Mensch erkannt zu werden, der er ist, hat unbewusst erkannt, dass auf der Basis eines schwachen Selbstwertgefühls eine wirkliche Begegnung mit anderen nicht möglich ist. »Die Angst, demaskiert zu werden und die Sehnsucht, erkannt zu werden – ein echtes Dilemma«, schreibt der Romancier Philip Roth. Die Funkstille erscheint hier als Ausweg, als Schutz vor Enttarnung – als effektive Form der Abwehr.

Mia, eine junge Leserin, eine Abbrecherin, will ihre »Schwachstellen« nicht preisgeben, weil sie Angst davor hat, ihre Freundin könnte dieses Wissen ausnutzen. »Dennoch versuche ich, ihr durch mein Schweigen mitzuteilen, was mich bedrückt, weil ich es nicht schaffe, es laut auszusprechen. Ein Gespräch strengt mich an, macht mich fertig, weil ich das Gefühl bekomme, die Kontrolle über mich zu verlieren – so seltsam das klingen mag. Sie weiß dann, wo meine Schwachstellen sind, und wüsste, wo sie ansetzen könnte, um mich kleinzukriegen. Ich stehe mir selber sehr kritisch gegenüber. Ich möchte mit meinem Schweigen nicht ignorant erscheinen, aber gleichzeitig schaffe ich es nicht, zu sagen, was mich stört, denn wie gesagt: Dann wissen diese Menschen, wie sie mich kleinkriegen … Und somit flüchte ich, anstatt mich zu verteidigen.«

Abwehr kann sich auch in besonders aggressivem Verhalten zeigen. Manche Menschen wehren sich, indem sie sich zum größten Flegel aufschwingen. Aggressivität und stiller Selbsthass sind zwar unreife Abwehrstrategien, aber es sind welche. Auch Liebessehnsucht und Hass müssen keine Gegensätze sein: Manchmal verhakt sich jemand so sehr in jemand anderem, dass nur noch ein Bruch oder Verrat möglich ist. Sehnsucht nach der verlorenen Vollständigkeit und die Sehnsucht nach Zerstörung gehören zusammen. Die Sehnsucht kann quälen, blockieren und irritieren, unfrei machen, also ist es oft besser, sie ist gar nicht mehr da.

Mit anderen zu leben ist schwierig; manche Menschen stört es sogar. Es macht sie nervös, weil sie immer ihr Gesicht wahren müssen. Ihr wahres Gesicht? Ist es in Wirklichkeit so unansehnlich oder weicht es zu sehr von der Maske des Trägers ab? Ist man ohne Maske verwundbarer, weil man erkannt wird? Wäre es nicht besser, wenn man erkannt und trotzdem gemocht würde?

Selbstsicherheit braucht Selbstgewissheit und Mut. Wer aber glaubt, das eigene Selbst sei nicht liebenswert, wird sich lieber verstecken und die Fremdheit vorziehen. Er ist einsam, aber wenigstens nicht für das Glück anderer zuständig. Er ist ohne Verantwortung und ohne Verankerung. Ein tragischer Zustand.

»Wir alle brauchen Masken, um uns hinter ihnen zu schützen und manchmal auch zu verstecken. Wir brauchen den Schutz der Masken, damit wir uns begegnen können. Je näher wir uns kommen, desto wichtiger werden die Masken«, so

Wolfgang Hantel-Quitmann. Aber können wir uns so wirklich begegnen?

Hantel-Quitmann erklärt: »Das lateinische Wort ›persona‹ bedeutet wörtlich ›Maske‹. Persona geht zurück auf das Wort ›personare‹, was ›durchtönen‹ bedeutet. Es tönt etwas vom Wesen des Menschen durch seine Maske. Dieses Durchtönende müssen wir lernen zu hören und zu verstehen. Wenn wir die Masken des anderen kennenlernen, erfahren wir all die Geschichten, auf die wir lange warten. Wer ungeduldig die Masken des anderen herunterreißen will, um die dahinter verborgene Persönlichkeit endlich kennenlernen zu können, der wird vielleicht genau das Gegenteil von dem erreichen, was er anstrebt. Denn der andere wird sich noch mehr schützen müssen und weitere Masken aufsetzen, die noch schwerer zu durchschauen sind.«

Viele Menschen – gerade in Paarbeziehungen – wollen den Kern des anderen freilegen. »Es gibt zahlreiche Menschen, für die ein Kontaktabbruch in einer oftmals langen und vom Verlassenen als intensiv empfundenen Liebesbeziehung zu ihrem selbstverständlichen Repertoire gehört. Der liebende, sich kümmernde Part in solchen Partnerschaften ist der charakterlich Stärkere, Gesündere, derjenige, der die Beziehung abrupt und ohne Begründung zerstört, ist der Schwächere. So etwas machen Menschen, die etwas zu verbergen haben«, äußert ein Leser. Doch wenn dem anderen die Maske genommen wird, ist er gewissermaßen hautlos, ohne Schutz.

Die Gefahr, dass man sich unter der Maske verliert, mit ihr verschmilzt, ist durchaus gegeben, bestätigt Hantel-Quitmann. »Die Maske kann auch Besitz ergreifen von einer Person, dann kehrt sich die anfängliche Freiheit in Unfreiheit um, dann wird die Maske zu einem Gefängnis, aus dem man nicht mehr herauskommt.«

Annika erklärt, dass sie sich ihrer brutalen Mutter, zu der sie den Kontakt abgebrochen hat, nicht erklären will, weil sie dann ihre Schwachpunkte offenlegen müsste, und das würde ihre Position verschlechtern. Als sie in ihrer Kindheit von ihrer Mutter heftig geschlagen wurde, hatte sie nicht geweint. Sie wollte ihren Schmerz nicht zeigen, denn das hätte sie noch angreifbarer gemacht. Und so sei es jetzt auch mit ihren Emotionen. Vielleicht hat sie sich auch deshalb einen Freund mit Näheangst ausgesucht, weil ihr diese psychische Situation vertraut ist. Sie weiß, was er sucht: Rettung und Flucht. Sie kennt das.

»Ich habe tiefes Mitgefühl mit ihm. Ich sehe seinen Schmerz und seine Verletzungen, seine Angst vor Nähe und sein inneres Nein. Ich sehe sein Ringen um Anerkennung und Zuwendung von außen. Und ich sehe seine innere Leere und Einsamkeit, die er vorzüglich zu verbergen und zu verleugnen weiß. Er hat angeblich ein aktives soziales Leben, aber ich habe nie einen Freund oder eine Freundin von ihm kennengelernt – er meine hingegen schon«, erklärt Annika, die hinter die Maske geschaut hat und ihren Ex-Partner trotzdem liebt. Dennoch konnte er seine Demaskierung nicht ertragen. Er ging. Ohne Erklärung. Was hätte er auch sagen können? Stimmt, du hast recht, ich bin ein bemitleidenswerter Mensch, einsam und ohne Freunde, immer auf der Suche nach Anerkennung? Warum aussprechen, was sie schon längst erkannt hatte? Es hätte nur die traurige Wahrheit manifestiert.

Einen Ausweg sieht Wolfgang Hantel-Quitmann darin, dass man dem anderen die Masken lässt, die er braucht, um zu bestehen, dass man nicht zu sehr hinter die perfekte Fassade schaut, um den anderen nicht bloßzustellen oder zu entlarven. »Kein Mensch kann ohne Maske leben, denn sie bietet nicht nur einen Schutz vor seelischen Verletzungen. Masken geben uns auch die Möglichkeit, neue Rollen einzuüben, um den wechselnden Herausforderungen an unsere Identität und Handlungskompetenz gerecht zu werden.«

Abbruch aus Notwehr: »Eine dauerhafte seelische Vergewaltigung«

Oft bekomme ich Zuschriften von Eltern, die glauben, dass ihr erwachsenes Kind einem Partner hörig sei, der den Kontakt zu ihnen »verbiete«. Die Tochter oder der Sohn leide unter einer Bindungssucht, und sie könnten nichts dagegen tun. Eine Leserin, Mutter einer Tochter, schreibt: »Es ist eine Hilflosigkeit, die nicht beschreibbar ist. Es macht mich krank, ihr nicht beistehen zu können, weil sie es nicht will.«

Nach den ersten Schilderungen dieses Briefes dachte ich, dass es die Tochter war, die den Kontakt abgebrochen hatte, doch es war umgekehrt. Die Mutter brach mit ihrem Kind. Diese Frau, die ihrer Tochter eine Beziehungssucht andichtete, schrieb mir nach einem Auftritt in der Schweizer Talkshow »Club«. Sie versicherte, dass sie ihre Tochter über alles liebe, aber es nicht ertrage, sie im Bann eines offenbar narzisstischen Mannes zu sehen. Die Tochter suche den Kontakt zu ihr, wolle aber partout keine Auskunft über ihr privates Leben geben. Nach zwei Jahren der »tiefen Verletzungen, Wortlosigkeit und Vorwürfe«, wie die Mutter es beschreibt, brach sie den Kontakt zu ihrer Tochter ab. Und sie nennt ihre Beweggründe: »Ich kann nicht mit ansehen, wie unser geliebtes Kind ausgenutzt, benutzt und belogen wird. Mit diesem Mann an ihrer Seite werden wir nie wieder aufeinander zugehen können. Es gibt Tage, da bin ich stark depressiv. Es erscheint einem alles so sinnlos. Man sieht, wenn man unterwegs ist, glückliche Familien, Mütter, die ihre Kinder umarmen, Familien, die mit ihren erwachsenen Kindern und Enkeln spazieren gehen, einfach glücklich sind. Ich fühle mich um meine Zukunft betrogen. Das ist nicht egoistisch gemeint. Ich wollte meine Tochter immer glücklich sehen. Welche Mutter will das nicht? Ich bin mir sicher, dass sich nie wieder dieses Miteinander und Vertrauen einstellen kann.«

Dies ist ein Brief, ehrlich, einzigartig, individuell natürlich, und doch auch exemplarisch. Wenn Mütter den Kontakt zu ihren Kindern abbrechen, führen sie häufig Schmerz und Hilflosigkeit angesichts des Lebens an, das die erwachsenen Kinder inzwischen leben. Oft scheint es in Funkstille-Familien allerdings so zu sein, dass dem Abbruch – seitens der Eltern oder der Kinder – eine Umkehrung des Eltern-Kind-Verhältnisses zugrunde liegt. In diesem Fall sind es die Eltern, die sich in die Kind-Position begeben und von den erwachsenen Kindern Liebe und Zuwendung fordern, beschreibt Wolfgang Hantel-Quitmann die Situation. Erwachsene Söhne und Töchter geraten in dieser Situation oft in schwierige Dilemmata zwischen Loyalität einerseits und einer berechtigten Sehnsucht nach Freiheit andererseits. »Ich habe losgelassen, weil es für mich ums Überleben ging «, schreibt eine entnervte Tochter, deren Eltern sich immer wieder grenzüberschreitend und übergriffig verhielten. Ein anderer Leser berichtet von dem Gefühl der »permanenten seelischen Vergewaltigung« und fragt: »Wenn deine Beziehung (egal, ob als Partner oder als Kind zu den Eltern) für dich unerträglich wird (Überbehütung und ständige Einmischung in dein Leben ist auch eine Form von Missbrauch) und all dein Reden nichts nützt, bei dem anderen entweder Verletztheit auslöst, weil deine Abgrenzung persönlich genommen wird, oder aber immer wieder Einsicht und Verständnis geäußert werden, aber jegliche

Veränderung ausbleibt; wenn du immer und immer wieder geredet hast, immer wieder nach einem Zusammenbruch Ja zur Beziehung gesagt hast, und es ändert sich nichts, was bleibt dir dann außer Schweigen?«

Auch Anja berichtet von seelischem Missbrauch: »Was sollte ich dagegen tun? Anstatt zurückzuschlagen, anstatt auf die Eltern draufzuhauen, bricht man lieber ab, auch, um Schlimmeres zu vermeiden. Man sagt ja, indem man nicht mehr anruft, schon eine Menge: Man sagt: Ich will nicht mehr.« Genauer formuliert heißt das: Ich will nicht mehr so! Denn trotz der Tatsache, »dass ich nicht mehr mit meinen Eltern kommuniziere, heißt das nicht, dass meine Gefühle für sie eingefroren sind. Ich versuche eher ein Übermaß an Gefühlen zu bändigen.« Indem Anja mit dem Bestehenden bricht, hofft sie, die Beziehung auf neue Weise beginnen zu können.

Viele erwachsene Kinder berichten davon, dass ihre Eltern ständig an ihnen herumschnitzten. Dass dies für die Kinder verletzend ist, liegt auf der Hand. Der Bruch schützt sie vor weiteren Übergriffen. Viele Abbrecher erklären, dass sie sich in ihrer seelischen Stabilität, ja sogar in ihrer Identität bedroht gefühlt haben, bevor sie gingen. Angst, Bedrohung: Begriffe, die in den Schilderungen der Abbrecher eine tragende Rolle spielen. Aber ist der Kontaktabbruch nicht einfach ein Versuch, vor der Angst davonzulaufen? Wie sollen wir an unseren Ängsten reifen, wenn wir ihnen ausweichen?

»Angst«, so Wolfgang Hantel-Quitmann, »ist nicht nur ein eigenständiges Gefühl mit verschiedenen Varianten und Schweregraden, sie spielt bei fast allen Gefühlen eine wichtige Rolle. Der traurige Mensch hat Angst vor dem endgültigen Abschied, der schamhafte Mensch hat Angst vor der Entdeckung, der Schuldbeladene vor der Verantwortung, der wütende Mensch hat Angst vor den Reaktionen der anderen, der sich ekelnde Mensch hat Angst vor dem Verlust der Liebesbeziehung, der Eifersüchtige vor der Bestätigung seiner Ängste, und alle Menschen haben letztendlich seit ihrer Erfahrung im Geburtskanal eine Angst vor dem Tod, auch wenn sie nicht täglich an ihn denken.«

Hantel-Quitmann glaubt, dass es bei der Funkstille im Kern um die Wiederholung eines als bedrohlich erfahrenen Erlebnisses geht. Bei Anja wäre es der Weggang ihres Vaters noch vor der Geburt und die daraus resultierende Lieblosigkeit der Mutter, die, so vermutet Anja bis heute, ihretwegen verlassen wurde. Diese Erfahrung spielt sie immer wieder durch. Der Weggang des Vaters war zwischen Mutter und Tochter niemals Thema. Anja wusste bis ins Erwachsenenalter nicht einmal, dass ihr Stiefvater nicht ihr leiblicher Vater ist. Ihre Mutter schwieg, um die Erinnerung auszulöschen – als wollte sie das Erlebte nachträglich ungeschehen machen und so weitere Kränkungen vermeiden. Doch sie bleiben Teil ihrer Geschichte. Anja wiederum wird augenblickshaft von Erinnerungen gequält, wie der Szene am Bahnhof in Hannover, als ihre Mutter sie einfach stehenließ. Warum schmerzt diese Szene noch heute?

Wenn Anja von panischer Verlustangst überwältigt wird, werden sogenannte Trigger aktiviert. Es sind die Gefühle aus der Ursprungsszene, die dann wieder hochkommen. Trigger können unbewusst bleiben und über Generationen hinweg vererbt werden. Folgerichtig weiß man manchmal gar nicht, warum man in bestimmten Situationen reagiert, wie man eben reagiert. Anja betonte dies zu Beginn unserer Bekanntschaft immer wieder. Den Verlust des Vaters hatte sie ja bewusst gar nicht miterlebt. Die Szene auf dem Bahnhof kann als Reaktivierung der Schlüsselsituation bei Mutter und Tochter gleichermaßen verstanden werden. Die Mutter, die verlassen wurde, lässt die Tochter einfach stehen. Und 20 Jahre später taucht die Tochter ab und zeigt damit der Mutter gleichsam noch einmal, wie es sich anfühlt, stehengelassen zu werden.

»Es kommt also darauf an, die subjektiven Bedeutungen zu verstehen, zu entschlüsseln und zu demaskieren«, so Wolfgang Hantel-Quitmann, und er erklärt weiter: »Es gibt wohl keinen Menschen, der in seinem Unbewussten nicht abgewehrte Konflikte ›lagert‹. Entscheidend ist, dass in jedem abgewehrten Konflikt nicht nur eine Unfähigkeit zur Lösung eines bestimmten Beziehungskonflikts verborgen, sondern zugleich eine psychische Energie bzw. Lebensenergie enthalten ist, die dem Individuum nicht mehr zur freien Verfügung steht und damit seine Lebensmöglichkeiten und -energien einschränkt.«

Es geht also darum, die eigentliche Angst zu erkennen, die sich hinter wiederkehrenden konkreten Ängsten verbirgt, und dem tief verletzten Menschen diese Grundangst zu nehmen. Anjas beste Freundin Anna hat das schon mehrfach versucht. Sie ist sehr vorsichtig dabei, nicht zu direkt, denn sonst würde Anja sich verschreckt noch stärker zurückziehen, weiß Anna mittlerweile. Anja kann sich glücklich schätzen, diese Freundin zu haben. »Tue ich auch«, sagt sie, »doch was ist, wenn ich sie verliere?«

Stonewalling: Eine Schutzmauer wird errichtet

»Ich fand die Worte nicht, also habe ich gehandelt und damit erklärt, dass ich den Kontakt nicht mehr ertragen kann. Das heißt aber nicht, dass ich den Kontakt nicht will. Wie soll man das verständlich in Worte fassen?«, fragt Anja. Die Frage legt nahe, dass sie versucht hat, Worte zu finden. Doch anscheinend ohne Erfolg, denn ebenso wie die meisten anderen Abbrecher vollzog Anja den Bruch dann schließlich wortlos.

Schon bei der Arbeit am *Funkstille*-Buch suchte ich nach einem Begriff, der dieses Phänomen treffend beschreibt. Inzwischen bin ich auf den englischsprachigen Begriff *stonewalling* gestoßen, der aus den USA stammt und verwendet wird, um eine Verweigerung von Kommunikation und/oder Kooperation zu bezeichnen. Und tatsächlich erklären Abbrecher immer wieder, wie sie Schutzmauern aufbauen mussten, weil die andere Seite zu sehr insistierte, manchmal aber auch einfach nur, weil sie da war. Viele Abbrecher räumen durchaus ein, dass ihr Schweigen ebenso viel mit ihnen selbst zu tun hat wie mit den anderen, vor denen man sich schützt. »Etwas ist da, aber ich weiß nicht, was« – dieses Gefühl umschreibt frühere Verletzungen, die ebenso mit einer Schutzmauer umgeben werden müssen wie die Person, die die Abbrecher mit diesen weit zurückliegenden Vorfällen verbinden.

Stonewalling: Laras Mutter wurde in ihrem hysterischen Aktionismus so bedrohlich, dass Lara gar nicht anders reagieren konnte, als nach jedem Angriff die Schutzmauer immer höher zu ziehen. Die Mutter spielte die gesamte Klaviatur der Gefühle aus; ihre Vorwürfe erstreckten sich auf jeden Bereich von Laras Leben – Lara blieb einzig der Raum des Schweigens. Das Drängen der Mutter nahm ihr die Luft zu atmen und damit die Fähigkeit, ihren Schmerz auszusprechen. Es gibt Menschen, die der Welt abhanden kommen, weil sie ihnen zu viel geworden ist.

Wolfgang Hantel-Quitmann betont in diesem Zusammenhang, dass die Sprachlosigkeit der Abbrecher kein aus freien Stücken gewähltes Schicksal ist oder gar ein banales Kommunikationsproblem: »Sie ist vielmehr Ausdruck eines schmerzlichen Verlustes, der irrsinnigen Angst vor der unausweichlichen Realität und der tiefen Trauer. Die empfundene Hilf- und Hoffnungslosigkeit können einfach nicht in Worte gefasst werden.«

Das Problem dabei ist, dass die andere Seite dies nicht versteht, auch nicht verstehen kann, wenn Angst und Trauer eben nicht gezeigt werden. Ein ungutes Wechselspiel.

Der Abbrecher: ein Wiederholungstäter?

Viele Leser fragen, ob der Kontaktabbruch eine Wiederholungstat ist. Verschwinden manche Menschen immer wieder auf diese Art aus Beziehungen?

Viele Abbrecher bestätigen zumindest, dass sie bestimmte Verhaltensmuster wiederholen, und ja, auch, dass sie schon mehrfach Beziehungen durch einen Kontaktabbruch beendet haben. Einige von ihnen beharren darauf, dass dies ihr gutes Recht sei, wenn eine Beziehung sie nicht mehr befriedige, und das betreffe ausdrücklich auch die Eltern. Andere sprechen von einer unbestimmten Angst, sich auf Beziehungen einzulassen.

Wiederholungstäter sind oft Menschen, die neurotisch sind. Wie schon in Kapitel 1 beschrieben, wissen sie nicht, warum sie reagieren, wie sie es eben tun. Lösen sie dieses Rätsel nicht auf, ist die Wahrscheinlichkeit groß, dass sie sich immer wieder auf dieselbe Weise verhalten werden. Dann aber hat der Kontaktabbruch gar nicht viel mit den konkreten Personen zu tun, mit denen gebrochen wird, sondern mit einem Thema, das tief in den Abbrechern drinsteckt, erklärt Wolfgang Hantel-Quitmann: »Wenn ich das wiederholt tue, dann wirkt das Thema in mir, ohne dass ich Zugriff auf mich selbst habe. Man könnte sagen, da ist mir die Selbststeuerung durchgegangen. Das ist die klassische Variante von neurotischer Persönlichkeit, das heißt, man wird bestimmt durch sein Unbewusstes, und das Unbewusste ist so mächtig, dass es mein Handeln steuert.«

Daneben gibt es noch die Menschen, die nach dem Prinzip verfahren: »Ich will mich nicht einlassen, aber ich lasse dich auch nicht gehen.« Sie brechen den Kontakt ab, weil auf diese Weise eine Verbindung gehalten wird, und sei es nur eine, die aus Schmerz, Wut und Leere besteht. Menschen mit schizoidem Charakter, Borderliner und Narzissten zeichnet eine Angst vor Nähe aus. Über schizoide Charaktere und Narzissten habe ich bereits im *Funkstille*-Buch gesprochen. Sie ziehen einen Menschen an, suchen bedingungslose Nähe, um den anderen dann umso heftiger wieder wegzustoßen. Beziehungen werden ersehnt, um Einsamkeitsängste zu mildern, zugleich aber gefürchtet, weil sie abhängig machen und ihr Verlust das Selbstwertgefühl zu sehr bedroht. Der sich nähernde Partner wird als Angreifer abgelehnt, während sich sehnsüchtige Hoffnungen auf ihn richten, sobald er sich entfernt. Ein Nähe-Distanz-Spiel, das sehr zerstörerisch sein kann, für beide Seiten. Die Angst vor Nähe wird befeuert durch das Ende von Beziehungen, die der Abbrecher jedoch selbst herbeiführt. Das Ende einer Beziehung wird dann als Beweis dafür betrachtet, dass im Leben eben nichts von Wert und nichts von Dauer ist. Folgt man dieser Logik, könnte man das Leben genauso gut auch sein lassen, weil es ja bekanntlich ohnehin mit dem Tod endet. Vielleicht wäre es der Mühe wert, einmal genauer zu ergründen, inwieweit hinter der Angst vor Nähe letztlich die Angst vor dem Tod steckt.

Menschen mit Näheangst entscheiden sich oft gegen Menschen, die mit ihnen leben wollen und sie aufrichtig lieben.

Sie suchen stattdessen die Nähe derer, die genau das nicht wollen: Alltag, eine Zukunft. Oft gehen so zwei Menschen eine Beziehung miteinander ein, die im anderen jeweils den eigenen Mangel zu kompensieren versuchen. Sie wollen verzweifelt geliebt werden, sind aber selbst unfähig zu lieben. Eine tragische Situation, die schwer zu lösen ist.

Der Psychoanalytiker Wolfgang Schmidbauer beschreibt in seinem Standardwerk *Die Angst vor Nähe*, wie sehr diese Angst blockiert und was hinter ihr steckt: »Die bei großer Nähe, großen Berührungsflächen notwendigen Leistungen und Anpassungen würden von der eigenen Person nichts mehr übrig lassen. Also muss Distanz geschaffen, müssen Reservate eingerichtet und gehütet werden.« Der mit ehrlichen Gefühlen auf den Betroffenen zugehende Partner wird dann natürlich nachfragen. Tatsächlich empfinden Abbrecher den anderen oft als »bohrend«. Mitunter beschreiben sie gar, der andere würde sich wie ein Parasit einnisten. Eine bedrohliche Situation – vor allem, wenn man über keinen Persönlichkeitskern verfügt –, die schnell beseitigt werden muss. Ein Abbrecher, der zum Wiederholungstäter wird, verschleiert auf diese Weise unter Umständen also auch ein massives Identitätsproblem.

Menschen mit Näheangst haben häufig narzisstische Züge, verfügen also trotz großer Selbstbezogenheit nicht über ein stabiles Selbst. Heftige Gefühle von Liebe und Hass stehen nebeneinander oder gehen ohne Zwischentöne ineinander über. Kleinere Probleme sind der eigenen Person unwürdig und werden daher zu Katastrophen aufgebauscht. Und weil die Beziehung, so wie sie sich darstellt, als nicht ausreichend empfunden wird, als nicht so einzigartig, wie es sich der Narzisst wünscht und es ihm seiner Meinung nach zusteht, wird sie neu erschaffen. Das aber geht meist nur mit Gewalt. Leistet der andere allzu großen Widerstand, muss der Druck gesteigert werden. Die Niederlage im Kampf um die Macht verärgert und steigert die Wut auf den Rebellen. Liebe wird zu Hass. Wer Zwang ausübt, hat bald subjektiv keine Wahl, als angesichts seiner Misserfolge den Zwang zu steigern und so neue Misserfolge zu ernten. Doch auch wenn der andere sich widerstandslos unterwirft, ist ihm die Missachtung des unter einem Nähe-Angst-Problem Leidenden nicht vergönnt, denn der will den anspruchsvollen Kampf, auch wenn er weiß, dass seine vermeintliche Überlegenheit auf Sand gebaut ist. Wenn der andere darauf hereinfällt, zeigt das dem Abbrecher nur, wie dumm dieser vermeintlich ist. Er wird sofort entwertet, was den Bruch wiederum erleichtert.

»Wer in der Liebe Erlösung sucht, wer etwas Besonderes benötigt, wer Kränkungen zu kompensieren hat, der wünscht sich in seiner Liebeswahl etwas, das seinen Ehrgeiz befriedigt, der will es kompliziert, der sucht die Aufwertung, die im Triumph über solche Komplikationen liegt«, so Schmidbauer.

Menschen mit narzisstischen Zügen sind selten Verlassene. Sie brechen ab, bevor es der andere tut, denn verlassen zu werden ist für den Narzissten unerträglich. Ihr verkrampftes Ringen um Anerkennung und ihre fehlende Fähigkeit, andere wertzuschätzen, selbst wenn diese ihnen nicht vonnutzen sind, ist unsympathisch. Ihnen fehlt Leichtigkeit, Neugier und damit Lebendigkeit. Die nicht leben können, streben nach der Macht über die Lebenden. Doch am Ende ertrinkt der Narzisst in sich selbst.

Als Florians Vater einen Schlaganfall erlitt, reagierte Florians Frau, Susanne, nicht auf die Erkrankung. Kein Wort des Mitgefühls kam über ihre Lippen. Vage bemerkte Florian sogar, dass sie ihn manchmal von der Seite ansah und offenbar überlegte, welches Verhalten jetzt wohl angemessen sei. Diese

Abwägung nahm Susanne vermutlich nicht vor, um Florian zu trösten und emotional zu entlasten, sondern weil sie nichts fühlte, doch das durfte sie nicht zeigen. Florian entging nicht, dass Susannes Verhalten ungewöhnlich kalt war und irgendwie auch linkisch wirkte. Er schrieb diesen Eindruck jedoch seiner eigenen Verwirrtheit zu, dem emotionalen Stress, der aus der Sorge um den geliebten Vater entsprang.

Florian, ein fürsorglicher Typ, kümmert sich um viele Freunde. Er leide fast unter einem Helfersyndrom, erklärt er lachend. Für Susanne ist das Leid der anderen ohne Bedeutung. Heute fragt er sich, ob sie ihn deswegen als Partner gewählt hat. Hat sie ihn gebraucht, um ihre emotionalen Mängel auszugleichen, ihre eigene Leere zu füllen? Wer ist sie eigentlich, und was macht sie aus? Und was würde passieren, wenn sie sich ihren emotionalen Analphabetismus eingestünde?

Die Funkstille als Methode

Wer die Nähe zum anderen scheut, verpasst einen großen Teil des Lebens: tiefe Gefühle gleichermaßen für andere zu empfinden als auch mit ihnen gemeinsam zu erleben. Wer sich traut, tiefe Bindungen einzugehen, erlebt das Glück, aber naturgemäß auch die Angst vor dessen Verlust. Das eine ist ohne das andere nicht zu haben.Es gibt so etwas wie den Typus des »romantischen Abbrechers«, der die dunkle Seite der tiefen Gefühle ebenso scheut wie die Niederungen des Alltags. Er ist gewissermaßen verliebt in die Liebe und beendet sie, sobald der große Gefühlsrausch abzuflauen beginnt. Auch das ist eine Spielart der Näheangst. Man trennt sich, wenn es am schönsten ist. Denn wenn es am schönsten ist, ist auch die Angst am größten, und wenn die Angst am größten ist, muss man gehen.

Es gibt weitere Dinge, die den notorischen Abbrecher von anderen wegtreiben. Beispielsweise spielt eine Rolle, was analytisch orientierte Psychologen als Übertragungsphänomene bezeichnen. »Der Partner erinnert zum Beispiel an Mutter oder Vater. Wir geraten in Panik, weil wir es plötzlich beim Partner mit Dingen zu tun haben, von denen wir dachten, wir hätten sie hinter uns und bekämen damit nie wieder zu tun. Das kann ein Grund sein, abzubrechen. Der Partner ist aber nicht so wie mein Vater. Er nähert sich lediglich meinem inneren Bild, das durchsetzt ist von unverarbeiteten Ängsten oder Aggressionen. Was kann der Partner dafür, dass ich plötzlich an meine eigene schwierige Geschichte mit meinem Vater oder meiner Mutter erinnert werde? Wenn das alles unbewusst ist und auch nicht verbalisiert wird, dann tritt Schweigen ein. Schweigen ist ein Schutz vor Aufdeckung«, so Wolfgang Hantel-Quitmann.

Anja hat erkannt, dass ihr ständiges Abbrechen einem Muster unterliegt, das offenbar nur schwer durchbrochen werden kann und das ihr eventuell sogar »vererbt« wurde. Hinter ihrem übersteigerten Bedürfnis nach Distanz steckt eine tiefe Unsicherheit, die tatsächlich aus der Kindheit herrühren kann. Anjas Vater ging, bevor sie zur Welt kam. Ihre Mutter gibt ihr die Schuld dafür. Anja hat für sich Strategien entwickelt, die sie vor einer bestenfalls gleichgültigen, schlimmstenfalls feindseligen Umwelt schützen. Sie weiß, dass diese Strategien ihr selbst und anderen zumindest teilweise nicht gut tun. Doch um sie zu überwinden, muss sie sich ändern.

Die Funkstille: eines Menschen Recht?

»Wo steht geschrieben, dass ich Gründe angeben *muss*? Und warum soll ich die Entscheidungsmacht darüber, ob meine Trennungsgründe gerechtfertigt sind oder nicht, meinen Eltern und Geschwistern überlassen? *Richtig* (!), dies steht nirgendwo geschrieben, und ich bin nicht verpflichtet, meine Entscheidungsmacht über meine Trennungsgründe an jene abzugeben, von denen ich mich getrennt habe«, schreibt eine aufgebrachte Leserin.

»Ich kann beim besten Willen nicht verstehen, was der andere nicht versteht«, so ein Leser, der mir mehrfach zu erklären versuchte, dass es nichts zu erklären gebe. Der Verlassene müsse unter einer Engstirnigkeit leiden, die so absolut sei, dass er gar nicht merke, wie sie ihn einengt.

Die Verlassenen glaubten, ihre Sicht der Dinge sei die einzig richtige und ihre Persönlichkeit vorbildhaft. Diese Gedanken stammen von einem Leser, der sein Recht auf Schweigen verteidigt, als ginge es um sein Leben. Die Funkstille sei ein Menschenrecht. »Es gibt Menschen«, schreibt er, »die psychisch instabil sind und entwicklungsgestört, die aber eine Fassade der Normalität und Überlegenheit nach außen präsentieren und denen diese Fassade auch abgekauft wird. Die innere Unreife wird dadurch kompensiert, dass man permanent seinen Mitmenschen minderwertige Rollenbilder überstülpt. Das ist dem betreffenden Menschen oft gar nicht bewusst. Er kann seine dauerhaft angelegte Grenzüberschreitung und Verletzung (›Ich bin normaler, stärker und vollwertiger als du‹) gar nicht als Kompensation seiner eigenen Minderwertigkeitsgefühle begreifen, sondern hält sie für Realität. Der vermeintlich Schwächere und Labilere wird durch die permanente Botschaft des anderen (›Du bist minderwertig‹)

sehr negativ in seiner Lebensqualität beeinflusst. Er kann sich dieser negativen Energie letztendlich nur dadurch entziehen, indem er sich komplett dem anderen entzieht.« Auf diese Weise beschütze der Abbrecher das Menschliche in sich.

»Warum soll ich nicht schweigen, wenn ich es möchte?«, fragt eine andere Frau, die ihren Mann ohne Erklärung verlassen hat. Es sei ihr gutes Recht, und wenn ihr Ex-Mann nicht damit klar komme, dann sei dies ja wohl sein Problem. Im Übrigen erklärt sie, habe ihr Ex-Mann objektiv nichts falsch gemacht. »Es hat nichts mit ihm zu tun.« Doch zwischen den Zeilen klingt an, was auch viele andere Abbrecher auf der Website posteten oder in Briefen schrieben. Eine Leserin des *Funkstille*-Buches formuliert es so: »Auch ich bin eine Abbrecherin und wurde mit meinem Abbruch nicht verstanden, konnte und wollte mich jedoch nicht weiter erklären, denn wo ich mich erklären muss – und die Betonung liegt auf *muss* –, werde ich nicht verstanden. Ich sah zum Zeitpunkt des Abbruchs keine andere Möglichkeit, den Sand, welcher ins Beziehungsgetriebe gekommen war, auf andere Weise zu entfernen.«

Eine Abbrecherin macht darauf aufmerksam, dass die Überlegung, wie man Kontaktabbrüche verhindern könne, völlig am Sinn der Funkstille vorbeigehe. Sie ist der Meinung, dass abrupte Kontaktabbrüche »auf gar keinen Fall« verhindert werden sollten, wenn die Menschen, die man zu verlassen beabsichtigt, »Machtmenschen sind, die dies aber vehement leugnen, Druck in Form von emotionaler Erpressung und sonstigen Druck (zum Beispiel Drohen mit Enterbung) ausüben, einem ganz dreist die eigene Wahrnehmung absprechen, immer wieder Grenzen massiv überschreiten, kein Nein akzeptieren können. Wir Menschen sind mit einem freien Willen geboren worden und haben somit alle ein unveräußerliches Menschenrecht auf Selbstbestimmung.« Man dürfe Beziehungen frei wählen und auch abwählen. Somit dürfe auch niemand einen Kontaktabbruch zu verhindern versuchen.

Freiheit bedeutet: die Koexistenz zweier gleichwertiger Optionen, eine ungehinderte Wahl zu haben. Doch hat ein Kontaktabbruch von einem Tag zum anderen wirklich etwas mit Freiheit in diesem Sinne zu tun? Oder ist er nicht eher das Gegenteil davon?

Drittes Kapitel

Die Sichtweise der Verlassenen

Auf der Suche nach Plausibilität:
Kontakt muss Sinn machen,
Kontaktverweigerung auch!

Die extreme Wirkung der Funkstille beruht für die Verlassenen auch darauf, dass sie in ihren Augen keinen Sinn ergibt,
sie ist nicht plausibel. Doch jede existentielle Entscheidung
braucht einen Sinnhorizont, der sie verständlich macht. Insofern ist die Suche nach Plausibilität seitens der Verlassenen
eine richtige und gesunde Reaktion.

Unserer Natur nach empfinden wir das Fehlen von Ursachen als unerträglich. Wir wollen wissen, aus welchem Grund
die Dinge in unserem Leben geschehen. Man möchte darüber
hinaus auch gerne die Möglichkeit haben, die Situation mitzubestimmen. Dabei geht es auch um das Grundbedürfnis
nach Kontrolle.

Dora, die toughe Unternehmerin, Gründerin eines Software-Hauses, leidet besonders unter dem Kontrollverlust, den
der Kontaktabbruch ihrer besten Freundin bedeutet, darunter,
dass ihr die Orientierung fehlt. »Ich bin pragmatisch. Wenn
etwas nicht stimmt, spreche ich es an und versuche, eine Lösung zu finden. Das geht aber nun einmal nicht, wenn ich
nicht weiß, wofür ich die Lösung finden muss. Ich kenne das
Problem nicht, und meine Freundin will es mir auch nicht erklären. Ich habe schon einmal einen Menschen verloren. 1996
ist mein Bruder bei einem Unfall ums Leben gekommen, und

ich habe damals auch gefragt: Warum ist das passiert? Und irgendwann nimmt man das zur Kenntnis, weil er nicht mehr da ist, und man kann ihn auch nicht mehr fragen. Aber meine Freundin ist da, sie ist da und könnte die Frage nach dem Warum beantworten, tut es aber nicht. Das ist schlimmer als das erste Erlebnis. Es hat mich sehr viel härter getroffen!«

Zumindest in Doras Fall scheint es leichter zu sein, einen geliebten Menschen durch den Tod zu verlieren als durch das Leben. Die Beziehung zu ihrer Freundin kann in der Funkstille nicht zur Vergangenheit werden.

Ohne ein klares Ende kann der Verlassene nicht trauern. »Der grundsätzliche Unterschied dieser beiden Arten von Trennung ist, dass bei der Funkstille die Erklärung, warum dies passiert ist, bei der eigenen Person gesucht wird, im Sinne der Zuschreibung dieser Veränderung auf sich und nicht auf einen Schicksalsschlag, den man nicht beeinflussen kann«, erklärt Hugo Grünwald.

Sandras Schweigen bedeutet für Dora erst einmal: Ablehnung. Sie sucht Klärung, will kommunizieren, um zu verstehen. Das Schweigen lässt jedoch zu viel Raum für Spekulationen, für Missverständnisse und den Konflikt befeuernde Überlegungen. Als Kompensation von Nicht-Wissen entstehen viele unzutreffende Gedanken. Dinge, die unabgeschlossen sind, bleiben uns viel präsenter als andere. Gestaltpsychologen haben herausgefunden, dass wir uns an unerledigte Aufgaben besser erinnern als an erledigte.

Ralfs Freundin Isa hat den Kontakt abgebrochen, ohne mit ihm darüber zu reden. »Ich habe die Partnerschaft eben immer als etwas begriffen, das natürlich uns beide angeht und an dem wir beide arbeiten. Wenn man dann aus dieser Frage ›Wollen wir das jetzt weiterführen oder nicht?‹ völlig ausgeschlossen wird und wenn diese Partnerschaft schon einen

Status erreicht hatte, wo es um eine gemeinsame Zukunft ging, dann ist das ein Gefühl einer solchen Ohnmacht und Entmündigung, dass sich das sehr gewaltvoll anfühlt. Es fühlt sich an, als würde man zusammengeschlagen werden und hätte dabei die Hände gefesselt und könnte sich überhaupt nicht wehren.« Viele Monate nach dem Bruch, als ich Ralf kennenlerne, läuft er immer noch erkennbar verwirrt durch sein neues, altes Leben. Die Funkstille ist eine Verzweiflung, die auf Dauer jeden Halt im Leben unterminiert, weil der Sinn fehlt. Mit Gewalt versucht Ralf, alle Puzzle-Teile in ein Bild zu pressen, doch nichts will zusammenpassen. Das Ganze ist eben mehr als die Summe seiner Teile.

Ralf empfindet den Bruch als genauso sinnlos wie den Verlust eines Menschen durch einen unumkehrbaren Schicksalsschlag. Auf der Suche nach Plausibilität zweifelt und verzweifelt er an seinen eigenen Empfindungen, er verliert das Gespür für sich und seine Identität.

Den meisten der Verlassenen ergeht es ebenso wie Ralf und Dora. In ihrem Grübeln über den Sinn des Geschehenen erkennen nur die wenigsten, dass das für sie Sinnlose für den Abbrecher durchaus einen Sinn ergibt. Kein Wunder. »Ärger, Wut und Zorn müssen verstanden werden, um als berechtigte Gefühle akzeptiert zu werden«, so Wolfgang Hantel-Quitmann. »Um den Ärger eines anderen Menschen zu verstehen, brauchen wir zweierlei: möglichst klare Informationen über die Hintergründe des Ärgers und eigene ähnliche Erfahrungen.«

»Manchmal frage ich mich, lieber Gott, womit habe ich diese Funkstille verdient?«, beschreibt Diana ihre Gefühlslage nach dem Kontaktabbruch von Seiten ihres Ex-Mannes Johannes. In den Gesprächen mit ihr und anderen Verlassenen fallen immer wieder Worte wie »Schuld« und »Strafe«. Es ist schwierig, Diana, Ralf, Dora oder Florian klarzumachen, dass die Funkstille zwar in dieser speziellen Konstellation auch mit ihnen zu tun hat, aber mehr noch mit dem Abbrecher selbst, mit seinen wunden Punkten und seiner Biografie.

Ein Erklärungsversuch von der anderen Seite, aus dem Brief einer Abbrecherin: »Sicher sind viele Gründe für einen Kontaktabbruch verstörend (vor allem unter der Prämisse, das wir alle sterblich sind und nur dieses eine Leben haben, um Dinge zu klären) und wären so unnötig, wenn denn kommuniziert werden könnte. Aber das gerade ist ja eben leider (scheinbar) nicht möglich. Ich habe zum Beispiel vor ca. neun Jahren schweren Herzens den Kontakt zu einer Freundin abgebrochen. Gerade habe ich noch einmal unseren Briefwechsel Revue passieren lassen und festgestellt, dass bereits ca. zehn Jahre vor dem Abbruch die Kommunikation teilgestört war. Ich hatte das damals durchaus erkannt und immer wieder um eine Aussprache gebeten und darauf gehofft, dass es ihr ebenso wichtig sein würde, eben weil sie für mich ein ganz besonderer und sehr wichtiger Mensch war (und immer noch ist und bleiben wird – trotz Funkstille), aber jedes Mal wollte sie sich nicht mit mir auseinandersetzen. Sie sah darin offenbar keinen Sinn. Vielleicht hatte sie zu jenem Zeitpunkt aus ihrer Sicht recht damit, sie war in sehr schwierigen Lebensumständen und in keinster Weise belastbar. War mein Ansinnen also eine Zumutung? War es ein Ausnutzen einer Schwächesituation? Zeugte mein Wunsch von einem schlechten Charakter? Also habe ich immer wieder aufgegeben – jahrelang – und es so hingenommen; sie war mir zu wichtig. Die Verlustangst war übergroß. Nichtsdestotrotz oder genau deshalb aber ist das Problem – für mich und in mir – gewachsen. (…) Die Freundschaft verschlechterte sich leise und stetig, weil Unausgesprochenes unausgesprochen bleiben sollte (bleiben musste?). (…) Ich habe mit viel Wut im Bauch und noch viel größerer Trauer beendet, was eigentlich längst zu Ende war, aber nicht hätte zu Ende sein müssen. Ich habe es beendet aus Respekt vor der Freundschaft, die einmal war und die durch gegenseitige Verletzung schon genug herabgewürdigt worden ist. Ich habe es angekündigt, beendet und mir absichtlich selbst den Rückweg verbaut, weil ich wusste, dass ich sonst natürlich umgedreht hätte.«

Beenden, was eigentlich längst zu Ende war. Der Brief zeigt einmal mehr, dass der Kontaktabbruch für den Abbrecher aus einem längeren inneren Prozess erwächst und somit sinnhaft ist. Konsistent erscheint die Funkstille für denjenigen, der geht, in besonderem Maße auch dann, wenn Hass im Spiel ist, wie bei den Lesern, die wütend berichten, dass sie sich befreien mussten von einem Menschen oder einem Familiensystem, das sie jahrelang manipulierte und unterdrückte.

In zerstörerischen Beziehungen zeigen sich zuvor häufig Missgunst und Neid, die irgendwann in Hass umschlagen. Weil der eine dem anderen nicht geben kann, was dieser braucht, will er ihn zerstören. Bei Susanne etwa könnte man durchaus annehmen, dass es ihr darum ging, Florians Leben zu ruinieren. Sie wollte Florian seiner Familie entfremden, beutete ihn finanziell und emotional aus. Florian ging nach der Scheidung in die Insolvenz, mit seiner Familie ist er heute noch entzweit. Der bewusste oder unbewusste Zerstörungswunsch kann erwachsen aus Angst vor der vermeintlichen Allmacht des Partners. »Eigentlich hätte Susanne mich gleich töten können, aber sie hat es vorgezogen, keine sichtbaren Spuren zu hinterlassen. Außerdem unterstelle ich ihr, dass es ihr Spaß gemacht hat, mich langsam zu vernichten«, so Florian heute. Je mehr er ihre Macht akzeptierte, desto weiter überschritt sie seine Grenzen. »Ich kam mit meinen sich widersprechenden

Gefühlen nicht klar. Ich liebte sie, gleichzeitig realisierte ich auch, dass sie mich quälte. Um sie zu beschwichtigen, richtete ich mich immer mehr nach ihren Wünschen, versuchte, sie sogar schon im Voraus zu erfüllen. Im Nachhinein weiß ich gar nicht, ob ich überhaupt in der Lage war zu denken«, schildert Florian die damalige Situation. Seine Äußerung beschreibt etwas, das häufig geschieht, wenn Menschen Opfer narzisstischen Verhaltens werden. »Während der Phase des beherrschenden Einflusses ist das Vorgehen des narzisstisch Perversen vor allem darauf gerichtet, sein Opfer am Denken zu hindern«, so die Psychoanalytikerin Hirigoyen. Worauf es ankomme, sei, das Opfer als verantwortlich für das, was ihm zustößt, erscheinen zu lassen.

»Es ändert sich ja sowieso nichts«, sagte Susanne kurz vor dem Bruch blicklos zu Florian. Sie ignorierte, dass er etwas hätte ändern können, wenn er gewusst hätte, was er falsch gemacht hat. Sie negiert seine Handlungsfähigkeit. Florian taugt nur noch dazu, sich schuldig zu fühlen. Es liegt an ihm, dass seine Frau ihn verlassen musste. Das ist die Botschaft, und die wirkt auch nach dem Ende der Beziehung weiter.

Auch Ralf glaubt jahrelang, schuld an Isas Weggang zu sein. Sie hat es geschafft, sein Selbstbild nachhaltig zu beschädigen. »Und das wird nicht besser, wenn man sich in Zeiten der Funkstille den Kopf zermartert«, so Ralf. Und da Isa nie explizit Vorwürfe gegen Ralf erhoben hat, könnte vieles der Grund für ihr Verhalten sein. Wie soll er sich rechtfertigen für etwas, dessen Gründe er nicht kennt! Aber das sei doch genau der Punkt, entgegne ich ihm schon zu Beginn unserer Bekanntschaft. Er solle sich ja nicht rechtfertigen können. Genau das will Isa durch die Funkstille verhindern. Seine Argumente könnten Isa verunsichern, sie bloßstellen, weil sie keine benennbaren Konflikte vorweisen kann. Seine Nachfragen könnten sie demaskieren, ihre wunden Punkte aufdecken – eben all das, was durch die Funkstille geschützt werden soll. Sich einem Problem stellen heißt, es sichtbar zu machen.

Reden heißt urteilen. Schweigen heißt, geurteilt haben

Menschen, die es gewohnt sind, selbstbestimmt zu handeln, bereitet besonders das Gefühl der Ohnmacht nach dem Überraschungsschlag des Kontaktabbruchs große Probleme. Ein Scheitern der Beziehung hätten sie akzeptiert, erklären viele Verlassene, denn darin hätten sie sich immerhin wahrgenommen fühlen können. Das gleichgültige Schweigen von Seiten des Abbrechers aber sei unerträglich. »Egal, was es wäre – wenn ich es wüsste, ich würde eine Lösung finden«, ist Dora überzeugt. »Ich würde auch meine Schuld zugeben. Doch wenn man mir nicht sagt, welches Verbrechen ich begangen habe, kann ich dazu auch nicht Stellung nehmen.« Irgendetwas müsse sie getan haben, denn zu den anderen Freundinnen habe Sandra den Kontakt nicht abgebrochen. Für Dora ist inakzeptabel, dass Sandra sie nicht an ihrem Entscheidungsprozess teilhaben ließ. Alles hatten die beiden Freundinnen über die vielen Jahrzehnte miteinander besprochen: Eheprobleme, die manchmal schwierige Beziehung zu den Töchtern, auch Probleme im Job. Meist fanden sie im Gespräch eine Lösung. Doch nun, so Dora, halte Sandra über sie Gericht, ohne ihr zu sagen, was sie verbrochen habe. Reden heißt urteilen, schweigen heißt, geurteilt haben.

Man müsse aber der Gegenseite immer die Möglichkeit geben, ihre Sicht der Dinge darzustellen, beharrt Dora. Eine Frage des Respekts und des Anstands sei das. »Man trifft sich im Leben, und man trennt sich. Einverstanden. Ich könnte mit der Freundschaft zu Sandra abschließen, wenn ich wüsste, wie die Anklage lautet. Ihr Urteil lautet: Todesstrafe. Das härteste Urteil, und ich weiß nicht einmal, wofür! Das ist ein Verfahren, das sie sicher für sich selbst auch nie akzeptieren würde.« Auch Ralf, der von seiner Freundin verlassen wurde, hat offenbar irgendein Vergehen begangen, doch er weiß nicht – auch wenn er immer wieder die Vergangenheit diesbezüglich durchforscht –, worin es bestehen soll. Vielleicht entsteht der Fehltritt aber auch erst dadurch, dass Ralf darüber nachdenkt. Der Abbruch selbst macht für ihn keinerlei Sinn. Er will diesen Sinn dadurch schaffen, dass er sich Gedanken darüber macht. Die Suche nach dem Sinn soll Ordnung in das Chaos bringen. Was aber, wenn es keinen Sinn gibt?

Am liebsten würde Ralf Isa zu einer Aussage zwingen. Nachdem er sie immer wieder ohne jeden Erfolg um eine Erklärung gebeten hatte, schrieb er seiner Ex-Freundin: »Jeder ›Verurteilte‹ hat nach gängigem Verständnis das Recht auf eine faire ›Verhandlung‹ und auf eine ausführliche ›Urteilsbegründung‹.« Tatsächlich verletzt das Schweigen des Abbrechers beim Verlassenen sämtliche Grundbedürfnisse, wie sie Klaus Grawe definiert hat: das Bedürfnis nach Bindung; das nach Orientierung und Kontrolle, nach Lustgewinn und Unlustvermeidung und schließlich das nach Selbstwerterhöhung und Selbstschutz.

Diana ist nach dem Abbruch sehr wütend auf ihren Mann Johannes, und dieses Gefühl hält bis heute an. Darum fällt es ihr schwer, mit der Beziehung zu ihm innerlich abzuschließen und darüber zu trauern. »Die Aggressionen und damit die inneren ambivalenten Gefühle gegenüber der verlorenen Person machen eine Trauerarbeit schwer, manchmal unmöglich«, erklärt Wolfgang Hantel-Quitmann.

Warum fällt es Diana so schwer, nach vorne zu schauen? Jahrelang hat sie sich auf keine neue Beziehung eingelassen. Wie andere von der Zukunft träumen, träumt sie von der Vergangenheit. Die Zukunft, in der sie leben soll, ist leer, oder vielmehr: Sie ist gefüllt mit Johannes' Abwesenheit. Sie ist eine andere als die, die Diana wollte. Das Ende dieser Zukunftsvision hat sie nicht selbst bestimmt. So etwas kommt vor. Auch, dass der Ex-Partner keinen Kontakt mehr will. Was Diana aber in Atem hält und damit eine innere Entwicklung verhindert: Sie hat keinerlei Anhaltspunkte zu dem, was ihre Zukunftspläne zersprengt hat. Wie soll man da etwas Neues aufbauen? Der gesunde Weg wäre ein anderer: »Verabschieden und Trauern sind einfach, wenn die Liebe groß und die Aggressionen und infolgedessen auch die Ambivalenzen klein waren. Dann wird die Liebe wieder vom geliebten Objekt abgezogen, der Verlust als Realität anerkannt, und die Liebesenergien stehen dem Menschen wieder zur Verfügung – zunächst zu seiner ganz persönlichen, weshalb er oder sie sich wieder gut und liebenswert fühlt, und danach für einen anderen Menschen in einer neuen Beziehung«, so Hantel-Quitmann.

Es gibt jedoch für die Verlassenen in der Funkstille einen Weg, aus der Rolle des Verurteilten herauszutreten: indem man das Urteil nicht annimmt und dieses entwürdigende Verfahren für beendet erklärt. Dora erklärt:»Ich habe mich schon so oft gefragt: Was machst du, wenn Sandra plötzlich vor deiner Tür steht? Bis vor zwei, drei Monaten hätte ich sie in die Arme genommen und hätte gesagt: Da bist du ja endlich! Aber jetzt bin ich dabei, den Abstand hinzukriegen. Wenn sie jetzt bei mir klingeln würde, würde ich sagen: Das war's, Sandra! Die Wunde ist einfach zu tief.«

»Das war wirklich das Heftigste, was ich bisher empfunden habe. Dieser absolut plötzliche Abbruch, das war so ein Schlag, der mich komplett umgehauen und alles in mir durcheinander gewirbelt hat, was möglich ist«, sagt Ralf noch heute. Hundertmal hat er versucht, sich klar zu machen, dass es keine gemeinsamen Augenblicke mit Isa mehr geben wird.

Wenn wir um einen geliebten Menschen trauern, wird die Zukunft betrauert. Wir fühlen uns unfähig, diese Zukunft ohne den anderen zu ertragen und ihr einen Sinn zu verleihen. Isas Abwesenheit hat Ralf über lange Zeit jeden Gedanken an die Zukunft verleidet. Er hatte sich für sie entschieden, wollte Kinder mit ihr. Vielleicht war er diesbezüglich zu zögerlich gewesen, doch er wollte sich auf das Wagnis einer dauerhaften Beziehung einlassen. Nach dem Kontaktabbruch beschloss er, die Liebe aus seinem Leben fernzuhalten. Zu verwirrend war sie, zu schmerzhaft, zu unberechenbar und zu herzlos. Ralf plagte die Sehnsucht nach einem Menschen, der nicht mehr da war, und er trauerte gleichzeitig über den damit einhergehenden Selbstverlust.

Die Trauer um einen verlorenen Menschen ist selten ein linear verlaufender Prozess, doch bei der Funkstille bleibt der Verlassene in einem Stillstand gefangen, einer anhaltenden Erschütterung.

Er trauere um seine Ex-Frau wie am ersten Tag nach ihrem Weggang, sagt Florian. Susannes Auszug fand vor fünf Jahren statt. Florian konnte danach die Endgültigkeit des Verlusts nicht annehmen. Er wusste schlichtweg nichts mit seiner Zeit anzufangen, also begann er, auf das Leben zu warten, das ihm über die Trennung hinweghelfen sollte.

»Die naturbelassene Trauer entspricht den Vernarbungs-

und Heilungsprozessen im Organismus. Sie sorgt dafür, dass der Betroffene ruhiggestellt ist, von seiner Umwelt geschont und bestätigt wird. Dadurch kann sich die seelische Wunde schließen. Und allmählich heilen. Allerdings verläuft dieser Vorgang beim Trauern – im Gegensatz zur Heilung eines gebrochenen Knochens oder eines verletzten Fingers – nicht linear und relativ rasch, sondern zyklisch und relativ langsam«, so Wolfgang Schmidbauer in seinem Standardwerk *Die Angst vor Nähe*.

Ralf ist gesund, hat gute Freunde, einen anspruchsvollen Job. Doch das Abbrucherlebnis und eine Gefühlsmischung aus Traurigkeit, tiefem Bedauern und Leere sind immer da und beschweren auch die schönen Momente, die es nach eineinhalb Jahren entgegen aller Erwartungen wieder gibt: »Ich fühle mich wie ein Wasserbecken in einer Wüstenoase, dem der Verschluss fehlt: Alles, was an Gutem in mich hineinläuft (und das ist ja, wie gesagt, nicht mal so wenig), erzeugt ein paar Augenblicke lang ein gutes Gefühl – und sickert dann gleich wieder hinaus. Und ich bin wieder so ausgedörrt und leer wie zuvor – und dürste nach Isa, die den Verschluss mit sich herumträgt«, formuliert Ralf seine innere Befindlichkeit.

Sehnsucht und Schuld sind seine großen Themen. Er weiß, dass er Fehler gemacht hat und leidet darunter, dass das Schweigen seiner Ex-Freundin eine Entschuldigung unmöglich macht. In seinen Briefen, die ohne Antwort bleiben, kämpft er um seine »große Liebe«, fragt sie nach den entscheidenden Situationen und Worten, die sie in die Flucht getrieben haben. Ralf geht es tatsächlich um Aussprache und um eine Versöhnung, die nicht zwangsläufig die Wiederaufnahme der Paarbeziehung bedeutet. Er will Frieden, und er will verstehen, um dadurch mit der Trennung besser fertigzuwerden. Er möchte darüber hinaus, dass die Zeit mit Isa nicht für alle Ewigkeit einen bitteren Beigeschmack behält. Zu wichtig war ihm diese Zeit und auch zu schön. Er bittet sie um »Hilfe«, verschweigt nicht, dass er »so fertig wie noch nie« ist.

Gleichzeitig will Ralf sich aus der Opferrolle schälen, die auf Dauer nicht zu ihm passt. »Ich bin für Eigenverantwortung«, erklärt er. »Meine Hoffnung wäre, dass wir eine Art von Versöhnung hinkriegen, dass wir also dann beide in der Lage sind, zurückzublicken auf diese Partnerschaft und Liebe als etwas zum großen Teil ungeheuer Schönes, um das dann auf diese Weise abschließen zu können und es nicht einfach als einen ungeheuer schmerzhaften Stachel aus der Vergangenheit zu behalten.«

Raus aus der Opferrolle. Daran arbeitet auch Dora. »Ich will zur Ruhe kommen und das ad acta legen, denn das hält man ja nicht aus. Es gibt Menschen, die an so etwas zerbrechen. Das werde ich aber verhindern, dass Sandra mich vernichtet.«

»Es liegt über allem ein Schatten«: die Verunsicherung der Verlassenen

Warum? ist die Frage, um die alle Verlassenen kreisen, die sie an kaum etwas anderes denken lässt. Der Mensch braucht klare Botschaften. Die Funkstille aber ist ein Weder-Noch. Es gibt keine eindeutige Botschaft, außer, dass die Beziehung so nicht mehr weitergeführt werden kann und dass es Dinge gibt, die derart belastend sind, dass der Kontakt für eine Weile, vielleicht auch für immer, eingefroren werden muss.

Bei unklaren Botschaften, die vor allem die Vergangenheit betreffen, wird das Vertrauen eines Menschen, Situationen richtig einschätzen zu können, tief erschüttert. Alles, was gewesen ist, erscheint im Rückblick als Lüge, Lebenspläne als Illusion.

Was tun? Abwarten, ob sich noch etwas klärt, mit oder ohne die Hilfe des Abbrechers? Das erfordert Geduld, und die haben die Verlassenen meist nicht, zumindest in der ersten Zeit nach dem Kontaktabbruch. Also besser gleich versuchen, das Vergangene abzuschütteln? Doch je mehr man von etwas loskommen will, desto stärker verstrickt man sich darin. Am Ende dreht sich alles nur noch darum.

Bliebe noch, das Geschehene zu verdrängen. Doch dies wiederum führt dazu, dass die schwierigen Gefühle und Gedanken weiter wachsen und sich auf Bereiche des Lebens ausdehnen, wo sie nicht hingehören.

Acht Monate lang kann Ralf kaum arbeiten. Sein Leben scheint so zerbrechlich, dass er jeden Augenblick einen weiteren Stoß oder Bruch erwartet: »Es verunsichert mich enorm, weil ich Zweifel habe. Ich frage mich: Bin ich überhaupt noch grundsätzlich richtig? Ist an dem, was ich denke, fühle und tue, noch irgendetwas Richtiges dran?«

Lange Zeit war es Ralf nicht möglich, Freude und Begegnungen zu genießen, ohne zu denken, dass dieses Gefühl trügt oder dieser Kontakt mit einer Enttäuschung enden wird. Sein Leben war beschwert von Misstrauen und permanenter Angst, noch einmal derart verletzt zu werden.

Von dieser anhaltenden Erschütterung und dem Misstrauen in neuen Begegnungen berichteten viele Verlassene. Sie trauen sich nicht mehr, glücklich zu sein. Sie fühlen sich haltlos und fehlplaziert, können sich selbst nirgendwo unterbringen. Das Abbrucherlebnis bestimmt alle nachfolgenden Erfahrungen und taucht alles Menschliche ins Zwielicht. Eine Anpassung an ein Leben ohne den vertrauten Menschen scheint unmöglich. Das Abbrucherlebnis ist so erschütternd, dass es kaum möglich scheint, klar darüber nachzudenken, ob der Abbrecher diese Erschütterung nicht vielleicht sogar bewusst herbeiführen wollte – sei es, weil er sich nicht anders zu helfen wusste, oder sei es, weil er eigene Probleme und Mängel beim anderen abladen musste. Marie-France Hirigoyen konstatiert: »Eine gequälte Person kann nicht im Vollbesitz ihrer Möglichkeiten sein. Sie ist unaufmerksam, bringt nichts zustande und bietet der Kritik Blößen.« Und sie fährt fort: »Sich dem Dialog zu entziehen ist eine geschickte Art, den Konflikt zu verschärfen und ihn dabei dem anderen in die Schuhe zu schieben. Eine Methode, um zum Ausdruck zu bringen, ohne es in Worte zu kleiden, dass der andere einen nicht interessiert oder sogar, dass er nicht existiert. Da nichts ausgesprochen wurde, kann jedweder Vorwurf gemeint sein.«

Viele Abbrecher behaupten, sie hätten nie gelogen. In dem Moment, wo sie etwas sagen, war es vielleicht das, was sie fühlten, in der nächsten Sekunde aber schon nicht mehr. Die Verwirrung des Verlassenen ist auch Folge der ständigen Nicht-Unterscheidbarkeit von Wahrheit und Lüge, von Realität und Trugbild. Am Ende glaubt der Verlassene, dass etwas gesagt wurde, ohne dass es je ausgesprochen wurde. Verbergen, um zu zeigen?

Elf Monate nach dem Abbruch schreibt Ralf: »Isa schweigt natürlich immer noch, und mir geht es, ehrlich gesagt, ziemlich beschissen. Es wird momentan immer schlimmer, weil meine Hoffnung auf die ›alle Wunden heilende Zeit‹ zumindest bisher enttäuscht wird, und das macht mir Angst. Das Positive, das mich mit Isa verbunden hat, fehlt mir nach wie vor so schmerzlich, dass dieser Mangel auch im mittlerweile elften Monat nach der Trennung jeden Tag meines Lebens bestimmt. Auch wenn mir durchaus bewusst ist, wie absurd das alles objektiv betrachtet ist, weiß ich subjektiv nicht mehr, wie lange und auf welche Weise ich das noch ertragen soll. Nach wie vor würde ich mir einen Finger abhacken – bzw. irgendwas Sinnvolleres tun –, wenn wir doch nur ein paar ernsthafte Gespräche über unsere Vergangenheit und unsere Zukunft führen könnten, um so eine Form von Versöhnung zu erreichen. Ich weiß nicht, ob ich danach in der Lage wäre, eine Trennung besser zu akzeptieren – aber es böte mir wenigstens die Chance dazu, denn bisher *will* ich es ja noch nicht einmal akzeptieren können, eben auch, weil ich es nicht wirklich verstehe und weil ich meinen Anteil an nicht vergebener Schuld nicht ertragen kann.«. Da ist sie wieder, die Suche nach dem Sinn.

»Man kann Missverständnisse nur auflösen, indem man darüber redet und indem man sagt: Pass mal auf, das hast du getan. Und das hat mich verletzt. Sandra ist die einzige, die den gordischen Knoten lösen kann. Ich muss sonst das Hackebeil nehmen und den Knoten durchschlagen. Ich muss unsere Freundschaft beerdigen«, beschließt Dora. Zu sehr bestimme die Funkstille ihr Leben.

Rollenwechsel: Der Verlassene, oft selbst ein Abbrecher

Nach dem *Funkstille*-Buch schrieben mir viele Leser, dass sie beides seien, Abbrecher und Verlassene. So wie diese Leserin: »Meine Tochter hat vor neun Jahren – sie war damals fünfzehn – den Kontakt zu mir abgebrochen. Wir hatten damals den heftigsten Streit nach vielen vorherigen beiderseitig verursachten Konflikt-Eskalationen. Seitdem haben wir uns nur ein Mal vor ca. zwei Jahren gesehen. Möglicherweise war der Kontaktabbruch das Resultat und die Konsequenz der in ihrer Wahrnehmung erlebten vielen Jahre des ›Nicht geliebt sein-Gefühls‹. Mit Bestimmtheit weiß ich das aber nicht. Ich selbst zumindest habe mit meiner Mutter vor fast 20 Jahren aus ähnlichen Motiven endgültig gebrochen. Meine Mutter wiederum ist durch den frühen Tod ihrer eigenen Mutter verlassen worden. Ich hatte, schon bevor ich mit meiner Tochter schwanger war, so sehr den Wunsch, diesen ›Kreislauf‹ zu durchbrechen, wollte es anders machen und habe es doch offensichtlich auch nicht geschafft, das Ruder umzudrehen.«

Starke Abhängigkeiten prädestinieren gleichermaßen dazu, verlassen zu werden wie zu verlassen. Bringt der eine es nicht fertig, die Beziehung zu beenden, muss der andere gehen. Derjenige, der verlässt, fühlt sich ebenfalls schutzlos und sehr gebunden, sonst könnte er sich ja leicht erklären und danach gehen.

Auch Ralf fragt sich manchmal, ob er selbst in der Beziehung zu Isa vielleicht zu ängstlich war, der Beziehung in Wirklichkeit nicht getraut hat, ob Isa ihn so, wie er war, akzeptieren konnte. Hat sie vielleicht gar für ihn, den Zauderer, eine Entscheidung getroffen? Hat er möglicherweise unbewusst den Abbruch provoziert? »Manchmal habe ich sogar wachsende Zweifel, ob ich diese Intensität im Zusammenleben, die ich eigentlich wollte und will, jemals hinkriegen kann«, gesteht Ralf in einem unserer vielen Gespräche.

Annika, selbst zugleich Abbrecherin und Verlassene, erzählt, dass sie sich ihrer Mutter gegenüber nicht erklärte, weil sie ihre Schwachpunkte nicht offenlegen will. Ihrem Freund, der seit sieben Jahren immer wieder den Kontakt zu ihr abbricht, wolle sie deshalb den Raum lassen, sich langsam zu öffnen, ohne Vorwürfe von ihrer Seite. »Ich versuche, ihm zu vermitteln: Wenn du über deinen Schatten springst und dich traust, es mir zu erklären, tue ich dir nichts!« Sie geht davon aus, dass ihr Partner aus Angst schweigt und dass er die richtigen Worte finden wird, wenn sie ihm den Schutzraum schafft, den er sich durch sein Schweigen sucht.

Wenn man verletzt wird, errichtet man eine Mauer. Das Problem ist, dass durch diese Mauer auch das Gute nicht mehr hindurchdringt und man dadurch vereinsamt, weiß Annika. Das Vertrauen in andere Menschen ist bei vielen Abbrechern massiv gestört. Annika versucht es bei ihrem Freund – auch für sich selbst – vorsichtig aufzubauen. Denn natürlich fragt sie sich, warum sie einen Partner akzeptiert, der letztlich nicht in der Lage ist, ehrliche Nähe zu ertragen. Sie wurde von ihrem Vater verlassen, als sie zwei Jahre alt war. Ihre Mutter verhinderte danach jeden Kontakt zwischen Annika und ihrem Vater und sagte Annika nichts davon, dass der Vater immer wieder versucht hatte, seine Tochter zu sehen. Annika brach aufgrund dieser jahrelangen Fehlinformation den Kontakt zu ihrer Mutter ab, die auch physisch gewalttätig war. Die gekränkte Seele versucht, ihr Leid durch Kränkung des anderen zu lindern, was wiederum neues Leid verursacht. Im Kern geht es dabei eigentlich immer um Liebe, Respekt und Anerkennung.

Später verklagte Annika ihren Vater auf Unterhalt, weil sie studieren wollte. Heute bricht ihre eigene Tochter den Kontakt zu ihr ab – aus denselben Gründen: die Mutter Annika soll dazu gezwungen werden, das Studium der Tochter zu finanzieren. »Es ist ein ständiger Wechsel zwischen den Rollen. Und letztendlich weiß ich natürlich selbst nicht, wie eine unbekümmerte, unbelastete Nähe aussieht«, gibt Annika zu.

Der Verlassene wie auch der Abbrecher tun beide etwas gegen Kontakt und Nähe, so Wolfgang Schmidbauer. Der Psychoanalytiker und Paartherapeut beobachtet in Partnerschaften, in denen einer der Partner eine narzisstische Störung mitbringt, immer wieder die Macht der seelischen Infektion: Der Kranke kränkt den Gesunden so sehr, dass auch dieser erkrankt und beginnt, mit den Kampftechniken zurückzuschlagen, die er vom Aggressor gelernt hat.

Es ist allerdings nicht ratsam, sich der Waffen des anderen zu bedienen. Und es ist auch nicht empfehlenswert, sich bei Gesprächsverweigerung ungefragt zu »verteidigen«, denn damit gerät man immer wieder von neuem in die Schusslinie desjenigen, der schweigt. Hinzu kommt, dass immer gleiche Verhaltensmuster offenbar immer wieder bestimmte Reaktionen provozieren – ein verhängnisvoller Kreislauf, der schwer zu durchbrechen ist, wie Annikas Beispiel zeigt.

Viertes Kapitel

Heimatlos in der eigenen Familie

Machtkämpfe, Abhängigkeit, Manipulation und die Folgen für spätere Beziehungen

Wir haben gesehen, dass Angst vor Nähe und Narzissmus bei der Funkstille oft eine gewichtige Rolle spielen. Oft liegen die Wurzeln in der Familie.

Schuld an der Nähevermeidung seien häufig Erfahrungen aus der Kindheit, so Wolfgang Schmidbauer. Die Mutter, die Eltern lassen es an »bestätigendem Widerspiegeln« (*mirroring*) der Existenz des Kindes fehlen, sie reagieren nicht einfühlend auf seine Bedürfnisse. Dadurch entwickle sich beim Kind nicht in ausreichendem Maße das Bewusstsein, dass eigene Wünsche wirklich und berechtigt sind.

Ein anderer Einfluss, so Schmidbauer, sei der narzisstische Missbrauch des Kindes durch die Eltern. Das Kind werde dazu herangezogen, die Unsicherheit der Eltern auszugleichen, sie gewissermaßen zu »therapieren«. Das führe dann später dazu, dass das Kind zwischen Größenwahn und Depression schwanke: Einerseits wirke die Vorstellung, über den Eltern zu stehen und sie mit Leben zu erfüllen, belebend; anderseits könne ein derart instrumentalisiertes Kind nie ein Gefühl für den eigenen Wert entwickeln, der von anderen Menschen unabhängig ist. Folgerichtig fühle es sich ohnmächtig, klein und leer in einer feindlichen Welt.

Viele Leser des *Funkstille*-Buches beklagen sich über die Gefühlskälte ihrer Eltern, darüber, dass der Mutter, wie etwa bei Dagmar, jegliches Mitgefühl fehle. Dagmars Mutter wiederum wurde von ihrer Mutter während des Krieges mutterseelenallein weggeschickt, um von der Tante ein Kleid abzuholen. Dass sie dabei hätte ums Leben kommen können, spielte offenbar keine Rolle. Dagmar hatte während des Krieges große Angst vor Tieffliegern, doch noch mehr fürchtete sie den Liebesentzug der Mutter, den sie häufig durch tagelanges Schweigen zu spüren bekam. Wenn in der Familie derart ungesunde Beziehungsstrukturen herrschen wie bei Dagmar, ist es schwer, Empathiefähigkeit zu entwickeln. Doch ohne Einfühlung sind keine erfüllenden Beziehungen zu anderen möglich.

»Einfühlung«, so Wolfgang Schmidbauer, »verhilft uns dazu, eigene und fremde Wünsche und Emotionen wahrzunehmen, unterstützt uns auch dabei, primitive narzisstische Reaktionen zu überfühlen und zu überdenken.« Wo die Fähigkeit zur Einfühlung fehlt aus der Angst heraus, dass eigene Wünsche dadurch ins Hintertreffen geraten oder weil Empathie schlicht nicht vermittelt wurde, wird man den anderen nie verstehen und sich selbst ständig missverstanden fühlen. So provoziert ein Mangel den nächsten.

Anja will ihre Mutter dafür bestrafen, dass diese ihre Existenzberechtigung, das Recht, in der Welt so zu sein, wie sie ist, nie anerkannt hat. Anjas heutiges Schweigen sagt: Schau hin. Ich bin wertvoll, ich bedeute etwas. Und das zeige ich jetzt dir. Als Kind konnte sie diesen Widerstand nicht leisten.

Manche versuchen wie Anja, aus der Opferrolle herauszukommen, die ihnen in ihrer Kindheit aufgezwungen wurde, indem sie andere zu Opfern machen. Die Mutter und mit ihr die Familie sollen durch ihr Schweigen abgestraft werden. In Anjas Fall gilt dies auch für die Freundinnen, von denen sie sich immer wieder zurückzieht. Auch wenn es Anja selbst kaum bewusst ist: Man kann wohl davon ausgehen, dass die Freundinnen, die sie um ihre intakten Familien beneidet, durch den Rückzug verunsichert werden sollen. Um dem Einfluss der Mutter zu entkommen, hätte Anja aufhören müssen, sich zu rechtfertigen, doch vor sich selbst konnte sie das nicht. Eigentlich fühlte sich Anja immer schuldig, und in diesem Kreislauf aus Schuld blieb sie gefangen. Ihretwegen war ihre Mutter unglücklich, und ihretwegen wurde ihre Mutter ja letztlich auch von Anjas Vater – für die Mutter immerhin die große Liebe – verlassen. Anja trägt den Makel des ungewollten Kindes, und darauf basiert ihr fragiles Selbstgefühl. Das hat Folgen für alle weiteren Beziehungen. »Wer sich selbst ablehnt und minderwertig fühlt, der empfindet die schlechten Meinungen der anderen als eher passend und die guten manchmal als Hohn. Oft fühlen sich solche Menschen eher zu anderen Menschen hingezogen, die sie ebenfalls ablehnen, weil sie sich dann verstanden und wirklich gesehen fühlen. Dies kann auch ein Motiv bei der Partnerwahl sein«, erklärt Wolfgang Hantel-Quitmann.

Als mich Lara aus der Schweiz kontaktierte, erzählte sie von dem schwierigen Verhältnis zu ihrer Mutter, die sie und ihre Familie regelrecht verfolge. Lara gewährte mir Einblick in die Briefe und Mails ihrer Mutter, mit der sie inzwischen den Kontakt abgebrochen hatte. Sie machen deutlich: Die Mutter wollte unter allen Umständen Kontakt und Nähe erzwingen – zur Tochter, vor allem aber zu den Enkeln. Lara hatte zunächst gegen Besuche der Oma natürlich nichts einzuwenden, doch schließlich wollte die ihre Enkel jeden Tag sehen. Sie mischte sich in das Eheleben ihrer Tochter ein, wollte über deren Leben bestimmen. Ihre unmäßigen Forderungen hüllte die Mutter in jeweils wechselnde Gewänder: Mal versuchte sie es mit freundlichen Worten, dann wiederum drohte sie, um kurz danach zu schmeicheln. Immer wieder versuchte sie, ihrer Tochter ein schlechtes Gewissen einzureden. Ging es ihr beispielsweise gesundheitlich schlecht, war die herzlose Tochter schuld, die ihr die Enkel vorenthielt. Die Aggressionen steigerten sich, schließlich stand die Mutter mehrmals am Tag vor der Tür und lauerte den Kindern vor der Schule auf. Ein Szenario, wie es anstrengender kaum sein kann. Alledem ging eine Episode voraus, die eigentlich ein Konflikt zwischen Lara und ihrem Bruder war, der, so die Meinung von Lara und ihrem Mann, einen zu engen Kontakt zu seiner Nichte suchte. »Ich habe ihm gesagt, dass er meiner größeren Tochter zu nahe komme. Das war der Auslöser dieses riesigen Konfliktes. Meine Mutter hat mir immer Schuld gegeben und von mir verlangt, dass ich mich gemeinsam mit ihr in professionelle Beratung begebe, um die Sache wieder ›gut‹ zu machen. Bei diesen Beratern fühlte sie sich immer als Opfer, und ich war Täterin. Ich hatte mich aber längst bei meinem Bruder entschuldigt für das, was ich ihm gesagt hatte. Leider gab sich meine Mutter damit nie zufrieden, sie begann immer aufdringlicher zu werden. Mir wurde das alles zu viel. Als ich über Wochen nicht mehr schlafen konnte, riet mir mein Arzt, mich zurückzuziehen, keine Telefonate mehr anzunehmen. Die Situation hat sich seitdem immer mehr zugespitzt. Die Mutter erscheint nun ständig, macht den Kindern und mir Angst, stalkt uns überall, schreibt schreckliche Briefe, beschimpft mich und macht uns überall schlecht. Mir bleibt ja gar nichts anderes übrig, als mich zurückzuziehen. Und das nennt sie ›Kontaktabbruch‹.«

»In normalen Familien redet man mal darüber, wie man miteinander redet. Man redet darüber, wie man miteinander umgeht. Man redet darüber, welche Erwartungen man hat. Man redet von seinen Enttäuschungen, Wünschen, Ängsten«, so Wolfgang Hantel-Quitmann. Das alles aber hat in Laras Familie nicht stattgefunden, außer ein Mal in Bezug auf ihren Bruder, und das brachte das komplette Familiengleichgewicht durcheinander.

Aber auch zu viel Abstand begünstigt den endgültigen Bruch. Ein Vater beklagt in einem Brief, dass seine Tochter den Kontakt zu ihm abgebrochen habe. Seit wann dieser Kontaktabbruch besteht, kann er aber nicht genau sagen. Eine Leserin schreibt: »Mein Vater hat mich in den letzten zehn Jahren vielleicht ein Mal angerufen. All das ist so traurig. Ich bin selber Mutter und kann es einfach nicht verstehen. Ich weiß nicht einmal, ob meine Eltern überhaupt gemerkt haben, dass ich mich nicht mehr bei ihnen melde.«

Gerade in Familien ist es schwierig, bestehende Konstellationen und Machtverhältnisse aufzubrechen. Es passieren die immer gleichen Verletzungen, die wie Hiebe in die immer gleiche Wunde wirken. Wächst ein Kind in einer Umgebung auf, in der Grundbedürfnisse, wie zum Beispiel das nach Bindung, missachtet werden, wird es im Zuge des Heranwachsens Verhaltensweisen entwickeln, die weitere Verletzungen vermeiden helfen. Und da man sich den Eltern oder aber den eigenen (erwachsenen) Kindern schwerlich anderweitig entziehen kann, ist die Funkstille oft das einzig probat erscheinende Mittel. »In der Funkstille wende ich mich endlich einmal mir selber zu. Ich lausche mir selbst. Ich bin der Mittelpunkt meiner Aufmerksamkeit. Endlich lande ich bei mir«, schreibt eine Leserin. »In mir schrie mindestens ebenso laut wie im Außen jemand nach Aufmerksamkeit, die ich mir jedoch verweigert habe bis zu dem Augenblick, in dem Funkstille eintrat.«

Kriegskinder: Prägungen über Generationen hinweg

Trifft eine Kränkung auf einen wunden Punkt, werden unverarbeitete Verletzungen der Vergangenheit reaktiviert. Das gilt in besonderem Maße für die Kriegskinder und ihre Kinder. Weil diese Thematik, die bereits im *Funkstille*-Buch zur Sprache kam, in den Zuschriften nach wie vor eine gewichtige Rolle spielt, soll sie hier noch einmal besonderes Augenmerk erhalten.

Wie wir uns in bestimmten Situationen verhalten, hat immer auch mit unserer Biografie zu tun. Der Zweite Weltkrieg spielt in den Lebensläufen zahlreicher Menschen immer noch eine bedeutsame Rolle – auch bei Männern und Frauen, die ihn nicht selbst miterlebt haben. Nach Jahrzehnten des Friedens in Europa vergisst man leicht, dass sich die Kollektiv-Katastrophe eines Krieges aus unendlich vielen persönlichen Katastrophen zusammensetzt. In Europa wurden im Zweiten Weltkrieg etwa 20 Millionen Kinder zu Kriegswaisen, oder die Väter kamen körperlich und seelisch zerstört nach Hause. Die Mütter konnten mit diesen Männern vielfach nichts mehr anfangen, litten – wie auch die Kinder – unter den Kriegsheimkehrern. Ihrerseits traumatisiert durch Luftangriffe oder Vergewaltigungen, verdrängten die Frauen ihr Leid, um das Leben in der Familie am Laufen zu halten. Es ging ums nackte Überleben, doch das ist keine gute Ausgangsbasis für eine erfüllte Kindheit. Die Kindheit der Kriegskinder waren zu Ende, bevor sie begonnen hatten. Früh schon lernten sie Ängste kennen, denen sie als Kinder nicht gewachsen sein konnten. Auch das Schweigen der Erwachsenen angesichts erlebter Kriegsgräuel hat sich in der Seele dieser Kinder eingeprägt. Es wirkte weiter in die nächsten Generationen hinein.

Schwer aushaltbare Erfahrungen im Zusammenhang mit den unausgesprochenen Schrecken des Krieges, aber auch Schuldgefühle wurden von den Kriegskindern bei den eigenen Kindern gewissermaßen stillschweigend eingelagert. Indem die Kinder zu »Containern« für diese Erfahrungen und Gefühle wurden, wird das unausgesprochen Leidvolle für die Eltern erträglicher.

Die Kriegskinder haben jahrzehntelang geschwiegen. Zugespitzt formuliert, herrschte nach dem Zweiten Weltkrieg bei einer ganzen Generation eine Art Funkstille. Die Sprachlosigkeit der Eltern verurteilte auch ihre Kinder zum Schweigen.

Zahlreiche psychische Probleme der dritten Generation, der Kinder der Kriegskinder also, haben etwas mit den Auswirkungen des Krieges zu tun. Persönlichkeitsstörungen etwa, wie Narzissmus, entwickeln sich, wenn man als Baby und Kind nicht in ausreichendem Maße wahrgenommen wird. Zu sehr waren viele Eltern nach dem Krieg zunächst mit dem Überleben beschäftigt, und später dann damit, das entgangene Leben gewissermaßen nachzuholen. Die Kriegskinder liefen vielfach auch in der Nachkriegszeit nur am Rande mit, und auch diese Erfahrung haben sie an ihre eigenen Kinder weitergereicht.

Anja, Annika, Ralf und Florian sind, wie die Mehrheit der Leser des *Funkstille*-Buches, Kinder von Kriegskindern. Viele von ihnen klagen darüber, dass sie in ihren Bedürfnissen nicht wahrgenommen wurden, dass ihre Grenzen überschritten wurden und sie oft genug als erweitertes Ich ihrer Eltern herhalten mussten. Die Eltern hatten nicht gelernt, über ihre Probleme, Ängste, Erwartungen und Wünsche zu sprechen. Schweigen war in diesen Familien immer zugleich ein Weg zu überleben und ein Werkzeug der Bestrafung.

Eine sprachlose Generation. Das Schweigen hatte offenbar das Trauma des Krieges zementiert. Es schien Stille zu herrschen in diesen Menschen, als sei der Ton ihres Lebens einfach abgeschaltet worden, nur die Bilder liefen weiter. Die Empfindungslosigkeit nach den Erlebnissen des Krieges und der Massenvernichtung basiert nicht auf einer generellen Gefühllosigkeit, sondern resultiert eher aus einem Gefühlsschock. Nichts wurde aufgearbeitet und damit auch nichts bewältigt, auch nicht die individuelle und kollektive Schuld der Eltern der Kriegskinder.

»Schuld ist nicht nur ein zentrales Thema in einer Täter-Opfer-Beziehung, sondern häufig auch in Generationenbeziehungen. Wir wissen, dass die Geschichte der Bundesrepublik Deutschland nach dem Zweiten Weltkrieg stark durch die vermiedene Schuldfrage beeinflusst war und dass die Entwicklung der Nachkriegsgeneration anders verlaufen wäre, wenn ihre Eltern sich mit ihrer Schuld selbst auseinandergesetzt hätten, statt sie vornehmlich zu verdrängen, von einer ›Stunde Null‹ zu sprechen und sie an die nächste Generation zu delegieren«, fasst Wolfgang Hantel-Quitmann zusammen.

Für die Kinder der Kriegskinder hat das Schweigen der Eltern schwerwiegende Folgen. Sie wollen reden, auch um eigene wunde Punkte besser zu verstehen, doch meist stoßen sie immer noch auf Mauern des Schweigens. Dies ist fatal, denn häufig kommt es zu Projektionen, die man selbst oder der Partner gar nicht verstehen kann, wenn er die Biografie des anderen und seiner Familie nicht kennt. Isas Misstrauen etwa, ihre Verletzlichkeit und ihr starkes Bedürfnis nach Sicherheit – und damit letztendlich ihre Verlustangst – haben mutmaßlich sehr viel mit früheren Verlusterfahrungen zu tun. Ihr Vater hatte Suizid begangen, als sie ein Kind war, hatte die Mutter, sie und ihre Schwester im Stich gelassen. Wenn Ralf seine Versprechen nicht einhielt oder nur den Zug verpasste, flippte Isa völlig aus.

Um die alten Konflikte zu lösen, muss man sie zuerst einmal reinszenieren. Anja macht das immer wieder, wenn sie den Kontakt zu den Freundinnen abbricht, weil sie glaubt, ihnen nicht zu genügen. Ihre tiefen Zweifel machen aus jeder kleinen Bemerkung eine Grundsatzfrage. Ihre Freundin Anna erklärt: »Anja ist meine beste Freundin, wir verbringen Urlaube zusammen, mein kleiner Sohn liebt sie abgöttisch. Aber ihre ständigen Zweifel an sich selbst nerven mich so sehr, dass auch ich manchmal Abstand brauche, was sie wiederum als Bestätigung ihrer Angst empfindet.« Klar, denkt Anja immer dann, wenn Anna sich zurückzieht, ich habe ja gewusst, dass sie mich nicht wirklich mögen kann. Jemanden, der so neurotisch ist, kann man eben einfach nicht mögen. Anja kann sich regelrecht in diesem Teufelskreis immer wiederkehrender Gefühle verlieren. Es sind weit zurückliegende Traumatisierungen, die hier reaktiviert werden: der Weggang des Vaters, als sie noch nicht einmal geboren war, die dadurch entstandene Ablehnung und Abwertung durch die Mutter.

»Ich bin in einer Familie groß geworden, in der es an der Tagesordnung war, dass man Kontakte einfach so abbricht: die Oma zur Uroma, die Mutter zu ihren Eltern und zur Schwester, verbal zu ihrem Mann usw. Schweigen als Strafe, Ignorieren als Rache«, schreibt eine Leserin.

Das Verhaltensmuster des Abbruchs ist schwer zu durchbrechen. Viele Menschen beschreiben, dass sie unter einem Kontaktabbruch in der Familie leiden und deshalb alles täten, um diese schmerzhafte Erfahrung nicht noch einmal erleben zu müssen. Und doch passiert es immer wieder, wie eine Leserin fassungslos berichtet: »Mein Vater hat den Kontakt zu mir mit über 90 abgebrochen, ich selbst bin schon lange darauf bedacht, meine Eltern auf Abstand zu halten, und ich bin eine verlassene Mutter. All das, was meine Eltern mit mir gemacht haben, habe ich versucht, in der Erziehung meiner Tochter zu vermeiden. Alles, was mir wichtig war, war eine gute und liebevolle Beziehung zu ihr. Ich bin in ein tiefes Loch gefallen, als sie den Kontakt abbrach, und jetzt – nach über einem Jahr der Trauer – gibt es auch von meiner Seite kein Zurück mehr. Ich bin seelisch durch die Hölle gegangen, wollte nicht mehr leben, konnte mir nicht vorstellen, dass und warum sie so handelt, weiß aber heute, dass sie mit diesem Abbruch über so viele Monate alle Möglichkeiten der Beziehung zwischen uns zerstört hat. Nie hätte ich gedacht, dass ich nochmal in meinem Leben so viel Kälte ertragen muss wie schon bei meinen Eltern während meiner Kindheit.«

In der Familie dieser Leserin fehlte das Handwerkszeug, um Konflikte anders als durch Abbrüche zu lösen. Offensichtlich ist, dass die Funkstille als »Lösung« immer wieder in Familien auftaucht, in denen sie schon einmal praktiziert wurde. Man wird verlassen oder geht seinerseits ohne allzu großes Nachdenken. Der Kontaktabbruch passiert sozusagen von selbst.

Anja hat sich mithilfe einer Therapie genauer mit dem befasst, was durch sie hindurchgeht – auch deshalb, weil sie wissen will, was sie weitergeben würde, vielleicht auch an eigene Kinder, wenn dies alles unreflektiert bliebe. Darüber hinaus will sie aufhören, Angst zu haben. Sie erzählt, beschreibt, kämpft, nimmt ihr Verhalten gegenüber ihren Freundinnen unter die Lupe. Sie will nicht länger denken, dass sie unter einer Art Fluch lebt.

»Kinder, die sich zu wenig in ihren emotionalen Problemen wahrgenommen fühlen, die zu wenig Empathie bekommen, können sich schlecht in sich selbst einfühlen und angemessen für sich sorgen. Es gelingt ihnen nicht, etwas zu entwickeln, was wir die empathische Balance nennen könnten: einen Grundzustand, in dem eigene und fremde Bedürfnisse gleichzeitig wahrgenommen und in ein Gleichgewicht gebracht werden«, so Wolfgang Schmidbauer. Anja sagte einmal, dass ihre Mutter sie emotional habe verhungern lassen. Jahrelang kämpfte Anja gegen einen äußeren Panzer, den sie sich zugelegt hatte, gegen extremes Übergewicht. »Natürlich war dieser Panzer auch Schutz, mit Sicherheit war er eine Kompensation«, meint sie heute. Mit dem Kontaktabbruch zur Mutter verlor sie auch die Pfunde. »Das klingt banal, aber ich hole mir jetzt die Streicheleinheiten bei meinen Freundinnen, vor denen ich mich weniger zu schützen brauche als vor meiner Mutter.« Dass auch ihre Mutter sich betäubt, zu viel trinkt, nichts aus sich macht, kurz, sich selbst schlecht behandelt, ist in unseren Gesprächen kaum Thema. Ich vermute, dass sie Anja so behandelt hat, wie sie sich selbst behandelt: hart und nachlässig. Sie kennt es nicht anders, und sie kann nicht anders.

Ich frage Annika, die seit sieben Jahren in einer On-Off-Beziehung lebt, warum sie sich die permanenten Kontaktabbrüche ihres Freundes gefallen lässt. Annika entgegnet, dass sie so etwas gewohnt sei. Ihre Eltern trennten sich, als sie sechs Jahre alt war. Jahrelang gab es keinen Kontakt zum Vater, bis der sie einmal, als sie acht Jahre alt war, von der Schule abholte. Danach gab es eine erneute Funkstille, bis Annika, mittlerweile 14-jährig, den Vater aufsuchte. Er erzählte ihr, ihre Mutter habe darauf bestanden, dass er den Kontakt zu ihr nicht suchte. Nach dieser Begegnung brach der Kontakt wieder ab. Schließlich verklagte Annika den Vater für die Zeit ihrer Ausbildung auf Unterhalt. »Mein Vater sagte: Du schaffst das Studium sowieso nicht. Und meine Mutter traute mir ohnehin nichts zu, obwohl sie selbst bankrott war. Eine Gescheiterte. Meine Mutter war gewalttätig, hat mir sogar einmal die Finger gebrochen. Später versuchte sie, mir meine Tochter wegzunehmen. Schließlich brach ich den Kontakt zu ihr ab, ohne Erklärung. Sie hätte das, was so offensichtlich ist, nicht verstanden«, erzählt Annika. Die gelernte Ingenieurin hat es weit gebracht, hat eine gehobene Position in einem Automobilunternehmen. »Einmal bin ich mit meinem neuen Auto zu meinem Vater gefahren. Da sagte er zum ersten Mal, dass er stolz auf mich sei«, erinnert sich Annika unter Tränen. Zu ihrer Mutter aber hat sie endgültig den Kontakt abgebrochen. »Sie hat mir ein Geschenk zum Geburtstag geschickt. Ich habe mich gefreut, es aber trotzdem weggeworfen. Dennoch ist es wichtig, dass sie zeigt, dass ich ihr wichtig bin. Wenigstens jetzt, wenn sie es vorher auch nicht konnte.« Nachdem Annika ihre Geschichte erzählt hat, ist klar, dass sie agiert und reagiert, wie sie es in ihrer Familie gelernt hat. Selbst ihre Tochter hat diese Verhaltensweisen übernommen, brach den Kontakt zu Annika ab.

Viele Leser schreiben offen und reflektiert darüber, wie sehr sie Verhaltensmuster aus ihrer Herkunftsfamilie übernommen haben. Es sei ihnen durchaus bewusst, dass das sich in ihrem Leben oft negativ auswirke, aber sie könnten nicht anders. Es sei tatsächlich ein Mechanismus. Eine Verlassene schreibt: »Auseinandersetzungen hatten wir ständig in unserer Ehe, er lief vor jeder Klärung immer schon davon. Ich hingegen komme aus einer Familie, in der Probleme eigentlich ausdiskutiert wurden, meine Mutter aber durchaus auch Ignorieren als Strafe einsetzte. Das tat mir damals schon sehr weh, so dass ich dieses Folterinstrument nie einsetzen würde, um Menschen abzustrafen. Leider wurde ich aber immer wieder Opfer solcher Strafmaßnahmen. Mein Mann stammt aus einer Familie, in der nicht diskutiert wurde, wo das Wort des Stärkeren zählte, fertig. Kinder hatten sowieso kein Mitspracherecht, sondern mussten wunschgemäß funktionieren. So war er schon immer voller Selbstzweifel und Minderwertigkeitskomplexe. Diskussion gibt es auch bei ihm nicht, er übernahm uns gegenüber das Schema aus seiner Kindheit, obwohl er selbst darunter litt. Ansprechen durfte man das nie, denn seine Mutter, die so viel falsch machte, war heilig, unantastbar. Aller Frust wurde dann auf mich und die Kinder abgeladen. Probleme wurden nie geklärt, da er immer davonlief und die beginnende Diskussion einfach abbrach. So brodelte jeder Konflikt unterschwellig weiter.«

Pseudo-Identität: »Das Eigene ist unerwünscht«

»Wenn ein Mensch nicht als der Mensch angenommen worden ist und wird, der er sein will, sondern nur als der, der er sein soll, dann hilft irgendwann nur noch Schweigen«, schreibt eine Abbrecherin.

Die Andersartigkeit des anderen anzuerkennen ist zentrale Voraussetzung für das Gelingen einer Beziehung. Das gilt auch für Eltern und ihre Kinder. Doch viele erwachsene Kinder berichten, dass sie von ihren Eltern als eigenständiger Mensch, ja, als ganzer Mensch mit eigenen Vorstellungen und Zielen nicht anerkannt wurden, dass sie sich vielmehr teilweise als erweitertes Ich ihrer Eltern gefühlt haben. So wie diese ihre Traumata auf ihre Kinder abgeladen haben, so haben sie auch ihre verdrängten Bedürfnisse übertragen. Das Kind sollte das Leben führen, das die Eltern nicht leben konnten.

Bei Anja war es anders: Sie durfte sich nicht weiterentwickeln, da dies bedeutete, dass sie sich aus der Welt ihrer Mutter entfernte. Vielleicht machte Anjas Anspruch an das Leben ihrer Mutter Angst, denn er stellte auch deren eigenes Leben in Frage.

Um Selbstbewusstsein zu entwickeln, musste Anja fliehen und mit ihrer so ängstlichen wie manipulativen Mutter brechen. Sie zog von Hannover nach Frankfurt, eine Stadt, in der sie niemanden kannte. Auf diese Weise entzog sie sich vollständig dem Blick der Menschen, die sie in ihrer Kindheit umgeben hatten. »Mit Sicherheit war es für mich wichtig, durch diesen Schnitt zu zeigen, dein Weg ist nicht der, den ich gehen will. Ich gehe jetzt meinen eigenen Weg, und zwar allein, ohne dich! Vielleicht wollte ich auch sagen: Komm' du auf mich zu. Sag', du willst dabei sein. Ich konnte nicht mehr die gute Tochter spielen«, erklärt Anja.

Eine andere Tochter, die den Kontakt abgebrochen hat, beschreibt, wie schwer es ist, sich gegen ein Familiensystem durchzusetzen. »Ich muss – gegen alles, was mir in den ersten 15 bis 20 Jahren meines Lebens erzählt worden ist – mir und meinem eigenen Gefühl vertrauen und sagen: ›Nein, ich nehme das anders wahr, ich habe andere Werte, ich möchte mein Leben anders leben, ich stelle mich nicht an und ich bin nicht verrückt. Wie viel innere Stärke braucht es, um sich der Familien-Gehirnwäsche zu widersetzen, die versucht, dir zu suggerieren, dass es dir ja gar nicht so schlecht geht, wie du behauptest, und falls doch, dass es in jedem Fall deine Schuld ist. Wie viel innere Stärke braucht es, um den Drohungen und Warnungen zu widerstehen, die dir einflüstern, dass du deine Entscheidung in 10 oder 20 Jahren ganz furchtbar bereuen würdest – selbst dann, wenn du ein differenzierter und reflektierter Mensch bist und weißt, dass es ganz unmöglich ist vorauszusagen, was in 10 oder 20 Jahren sein wird. Zu sagen: ›Ich vertraue meinem eigenen Gefühl und gehe das Risiko ein, dass ich möglicherweise falsch liege‹, erfordert ungeheuren Mut.«

Viele Eltern beschweren sich darüber, dass sie nicht wissen, warum ihre Kinder den Kontakt abgebrochen haben. Gleichzeitig sind sie unendlich enttäuscht, dass »dieses Kind«, für das man doch alles getan hat, nicht so geworden ist, wie sie es gerne gehabt hätten. »Dieses Kind« will man nicht. Das erwachsene Kind wiederum sucht die Schuld dafür, nicht liebenswert zu sein, bei sich.

»Unter dem Vorwand von Erziehung löscht man bei seinem eigenen Kind genau den Lebensfunken aus, der einem selbst mangelt. Man bricht den Willen des Kindes, man zerstört seinen kritischen Geist und richtet es so ein, dass es über seine Eltern nicht urteilen kann. In allen Fällen empfinden Kinder sehr wohl, dass sie den Wünschen ihrer Eltern nicht entsprechen oder ganz einfach nicht erwünscht waren. Sie sind schuldig, weil sie die Eltern enttäuschen, ihnen Schande machen, nicht gut genug sind für sie. Sie entschuldigen sich dafür, denn sie möchten den Narzissmus ihrer Eltern heilen«, erklärt Marie-France Hirigoyen schonungslos in *Die Masken der Niedertracht*. Anja durfte weder das Abitur machen noch studieren. Die Idee, als Aupair nach Amerika zu gehen, war ihr erster Fluchtversuch, eine erste Form der Funkstille: »Als meine Mutter mir zu sehr reinreden wollte, habe ich mich abgesetzt in die Staaten. Ich hatte ihr vorher nichts davon erzählt, niemandem in der Familie, auch nicht meinem Stiefvater oder meinen zwei Halbbrüdern. Ich hatte nicht erzählt, dass ich mich beworben habe. Als ich dann die Zusage bekam, sollte ich natürlich nicht gehen. Das war purer Egoismus. Sie haben es mir nicht gegönnt«, erinnert sie sich.

Die zweite Flucht unternahm Anja rund 20 Jahre später, plötzlich, ohne Vorwarnung, als sie nach Frankfurt zog. Es herrschte wieder Stille. »In der Plötzlichkeit war es für uns beide sehr schmerzhaft. Trotzdem ist die Funkstille ein Raum, in dem man zu sich kommen kann und sich die Zeit nehmen kann, zu schauen: Wo habe ich mich in der Vergangenheit falsch verhalten? Was ist schiefgelaufen? Es sind ja immer zwei Parteien involviert. Ich habe drei Jahre genutzt und nachgedacht, habe letztes Jahr überlegt: Will ich den Kontakt?, aber ich habe es nicht geschafft. Und ich denke nicht, dass meine Mutter auf der anderen Seite die Zeit genauso sinnvoll genutzt hat. Das ist sehr, sehr traurig, denn trotz allem ist sie der wichtigste Mensch in meinem Leben. Die Entscheidung, abzubrechen und die Funkstille zu halten, war wirklich nicht einfach. Aber wenn man nicht mehr kann? Wäre es besser gewesen, sich weiter zu verbiegen? Irgendwann wäre ich zerbrochen.« Anja berichtet davon, wie sehr sie es nach ihrem Umzug nach Frankfurt genoss, gewissermaßen spurlos verschwunden zu sein. Auch auf Reisen verspürt sie immer wieder den Wunsch, spurlos unter Menschen zu verschwinden. Sie weiß, dass sich hinter diesem Wunsch eine Vermeidungshaltung verbirgt. Doch zu verschwinden, so Anja, sei eben leichter, als teilzunehmen an einer Welt, die man als anstrengend und fordernd empfindet. Denn wie soll ein Mensch, dem von Kindesbeinen an vermittelt wurde, dass er nicht liebenswert, ja, sogar enttäuschend sei, in der Welt etwas anderes sehen können als einen Ort der Enttäuschung?

»Ich fühlte und durfte nicht fühlen,
wollte reden und hielt meinen Mund«

Immer wieder fragen sich die Abbrecher, warum ihre Signale, dass es nicht weitergehen könne wie bisher, nicht gehört und gesehen wurden. Warum haben die Eltern, hat der Partner so wenig Mitgefühl aufgebracht? Mitfühlen ist allerdings eher ein intuitiver Zugang zum anderen – eher mühelos und nicht erzwingbar. Wie sollte Anja ihrer Mutter Einfühlung beibringen, einer Frau, die den Krieg erlebt hatte, vom Vater ihres Kindes verlassen wurde und selbst große Probleme mit ihren Eltern hatte? Auch Anjas Mutter musste sich schützen, hat sich im Laufe ihres Lebens eine dicke Haut zugelegt. Als ich mich mit ihr zu einem Gespräch traf, hatte ich nur selten das Gefühl, sie wirklich zu erreichen, auch wenn deutlich spürbar war, dass Anja ihr etwas bedeutete. Anja ist das Kind einer großen Liebe und gleichzeitig der Grund für deren Ende. Das ist die Ambivalenz ihres Lebens – und nicht nur des ihren. Anja hat ihre Mutter immer wieder gebeten, den Namen ihres »Erzeugers«, wie sie ihn nennt, zu verraten, doch ihre Mutter hat ihn tief in ihrem Herzen versenkt. Niemals würde der Name über ihre Lippen kommen. Anja insistierte, doch heillos überfordert schwieg ihre Mutter genau an der Stelle, an der alles hätte anders werden können.

Darauf angesprochen, schweigt sie auch mir gegenüber. Sie habe vergessen, worum es ging, wenn Anja sie bedrängte; davon abgesehen habe sie nicht bemerkt, dass Anja Probleme mit ihr hatte. Außerdem gab es ja noch den Adoptivvater und zwei Halbbrüder, Anja habe doch eine komplette Familie gehabt. »Komplett ja, aber nicht intakt, nicht liebevoll«, kommentiert Anja, als ich ihr davon berichte.

Mutter und Tochter ähneln sich, nicht nur im äußeren Erscheinungsbild. Beide blicken mich in einer Weise an, als ob sie erraten wollten, was hinter meinen Worten steckt. Sie trauen dem Gesagten nicht, weil Worte nie das Mittel ihrer Wahl waren. Und sie trauen ihrem Gefühl nicht, weil sie damit zu selten auf Resonanz stießen.

Aus Anja ist eine wortgewandte Frau geworden, die sehr genau beschreiben kann, was in ihr vorgeht, zumindest mir gegenüber – wohl auch, weil ich ihr nicht zu nahe komme. Manchmal bemitleide sie sich selbst ein wenig, wenn sie bedauere, nicht eine eigene Familie mit Kindern zu haben, erklärt sie. Sie frage sich oft, ob sie darüber mit ihren Freundinnen reden dürfe, verwerfe es aber meist gleich wieder, weil sie Angst habe, dass sie dann deren Unmut auf sich ziehen könnte. »Menschen mit einem Empathiedefizit finden emotionale Kontakte mühsam und schwer zu kontrollieren. In der Folge wenden sie viel Zeit und Kraft darauf, sich allein mit sich und ihren Umweltbezügen zu beschäftigen. Sie denken viel nach, ob es richtig ist, ein Bedürfnis zu äußern, einen Kontakt zu wagen, eine Frage gemeinsam zu klären«, so Wolfgang Schmidbauer.

Emotionale Defizite können durch eine gestörte Mutter-Kind-Beziehung entstehen. Die Mutter ist die erste Bezugsperson im Leben eines Menschen. Anja weiß, dass es ihrer Mutter gesundheitlich nicht gut geht. Sie hatte mehrere Schlaganfälle, eine Krebserkrankung kam in der Zeit der Funkstille hinzu. Anja hadert: Müsste sie nicht ihr vergeben, nach Hause gehen und sagen: Es ist alles wieder in Ordnung? Immerhin ist die gemeinsame Lebenszeit mit der Mutter endlich.

Ich berichte Anja davon, dass ihre Mutter mir Grüße an sie aufgetragen und gesagt hat, Anja könne sich ja mal melden. Noch sei sie, die Mutter, ja da. Anja reagiert zurückhaltend: »Sie sagt: Ich kann mich mal melden. Ja. Die Frage ist doch:

Kann ich? Habe ich die Kraft anzurufen? Wenn sie doch trotz der Zeit, die wir nun nicht gesprochen haben, nicht verstanden hat, wer ich wirklich bin?«

Die müde Entscheidung, es einfach sein zu lassen

Eine Frau, die den Kontakt zu ihren Eltern abgebrochen hat, schreibt: »Ich habe den Dialog mit meinen Eltern immer wieder gesucht – es gibt keinen! Seit gut zwei Jahren habe ich selbst eine Familie. Ich glaube, diese Tatsache verändert die Prioritäten drastisch. Ich habe mich jahrelang mit den Problemen meiner Herkunftsfamilie auseinandergesetzt. Ich bin weiß Gott nicht davongelaufen. Aber ich mag nicht mehr, ich kann nicht mehr, ich bin müde. Ich habe immer wieder erfahren, dass meine Worte ins Leere fallen, gar nicht gehört werden.«

Eine andere Abbrecherin wünscht sich nur eine »klitzekleine« Reaktion ihrer Eltern: »Ich hatte keine Wahl. Entweder ich zerbreche an diesem Verhältnis oder ich breche es ab. Würde meine Mutter versuchen, Kontakt aufzunehmen, zu fragen und zu verstehen, wäre ich bereit, mich dem zu stellen. Denn genau diese Appellfunktion hat mein Abbruch. Könnte ich wählen zwischen Kontakt und keinem Kontakt, wäre die Antwort klar: *Kontakt!*«

Viele Abbrecher die mit Vater und/oder Mutter gebrochen haben, sind enttäuscht, weil die Eltern nicht um sie kämpfen. Und tatsächlich stellt sich die Frage: Ist es denn wirklich ein Kontaktabbruch, wenn die Eltern den Kontakt zum Kind gar nicht suchen?

Aber: Sind Eltern denn tatsächlich ewig zuständig für ihre

Kinder? Wolfgang Hantel-Quitmann antwortet mit einer Gegenfrage: »Es gibt Eltern, die ihre Kinder nicht lieben. Viele Kinder kommen zum falschen Zeitpunkt oder sind von einem falschen Partner oder einem, von dem man sich getrennt hat. Das Drama der Alleinerziehenden ist oft, dass sie im Kind den eigenen Partner sehen. Oder: Jedes zehnte Kind ist ein Kuckuckskind. Normalerweise gibt es eine existentielle Spiegelung, die sagt: Du bist mein Kind, und ich liebe dich so, wie du bist. Diese existentielle Spiegelung können aber viele Eltern ihren Kindern nicht geben. Wenn das Kind ungeliebt ist, welche Antwort sollen die Eltern geben?«

Die Kinder betteln um eine Antwort, irgendwann aber erschöpft sich ihre Verzweiflung. Ihr Schweigen ist eine Kapitulation, und gleichzeitig signalisiert es: Kümmert euch!

Dieses Schweigen ist aber auch Ausdruck einer Ernüchterung, in der erkannt wird, dass schon vor dem Abbruch kein echter Kontakt bestand: »Wir haben uns häufig gesehen. Wir haben am selben Tisch gesessen. Wir haben geredet. Wir haben Geburtstage, Weihnachten und Geburten gefeiert. Wir haben zusammengelebt. Und hatten doch keinen Kontakt. Wer hat wann den Kontakt abgebrochen? Auf der Suche nach einer Antwort auf diese Frage bin ich weit in meine Kindheit zurückgegangen. Und habe mich am Ende gefragt, ob wir jemals Kontakt hatten. Diese Form des kontaktlosen Miteinander-Lebens scheint generationenübergreifend zu sein und sich zu vererben. Die Ursachen scheinen lange zurückzuliegen. Und am Ende erkannte ich, dass in meiner Herkunftsfamilie niemand einen echten, tiefen Kontakt zu sich selbst hat. Und dass man ohne Kontakt zu sich selbst auch keinen Kontakt zu anderen haben kann. Mir wurde klar, dass ich mit einer Lüge gelebt habe. Ich konnte den Kontakt gar nicht wirklich abbrechen. Ich konnte nur aufhören, so zu tun, als hätten wir

Kontakt. Ich hoffe, in der Funkstille nun den Kontakt zu mir selbst zu finden. Um dann den Kontakt zu meiner eigenen Familie (Frau und Kinder) zu finden. Um nicht irgendwann selbst als ›Verlassener‹ dazustehen. Um den Virus der Kontaktlosigkeit nicht auch weiterzugeben«, so ein Leser.

Beim genaueren Blick auf die Kommunikation zwischen Abbrecher und Verlassenem vor dem Bruch müsste man fragen: Was ist bei dem anderen überhaupt angekommen? Was hat also beispielsweise Anjas Mutter wahrgenommen, und vor allem: Was haben sie und die anderen Mütter verdrängt, deren Kinder den Kontakt abbrechen? Man müsste auch fragen: Wer ist in Wirklichkeit derjenige, der den Kontakt aufkündigt? Halten letztendlich nicht die Kinder ihren Müttern nur den Spiegel vor? Denn so wie Anja und viele andere Töchter, die den Kontakt zur Mutter abbrachen, nun mit ihren Müttern umgehen, wurden sie Jahrzehnte zuvor von ihren Müttern behandelt. Die Mütter wehrten die Töchter ab, und die aktuelle Funkstille ist in Umkehrung dessen eine Abwehr der Töchter. Ein Teufelskreis, dem man nur entkommt, wenn man darüber redet, wie man miteinander umgeht. Das aber war bei Anja nicht möglich; sie handelte intuitiv und aus ihrer Sicht folgerichtig. Ihr Schweigen erfolgte aus einer Art Überlebensinstinkt heraus. Sie folgte keiner bewussten Überlegung. Sie entschied sich nicht für das Schweigen. Es passierte. Anja wollte nachdenken können, ohne Manipulation, ohne Kontrolle oder Einmischung, selbstbestimmt, auch wenn sie noch nicht genau wusste, was sie wollte. Sie suchte wohl in erster Linie eine innere Klärung und die Erkenntnis der eigenen Gefühle.

Das Schweigen des Abbrechers ist kein gelassenes Sich-Ausruhen. Im Gegenteil: Es kostet Energie, die Funkstille aufrechtzuerhalten. Energie, die eigentlich nicht mehr da ist. Denn beim Abbrecher wurde die innere Kraft schon in der

Zeit vor dem Bruch aufgebraucht. Nicht bewältigte Konflikte, die sich häufig wiederholten, und das Abwehren der Ignoranz und der Sticheleien von Seiten des Verlassenen führen beim Abbrecher häufig zu großer Erschöpfung. Auch wenn die Verlassenen das Schweigen des Abbrechers als kraftvollen Akt der Aggression empfinden: Die Funkstille ist sehr oft ein Ausdruck von Müdigkeit. Man gibt sich geschlagen.

Eine Leserin, die den Kontakt zu ihrer Mutter abgebrochen hat, schreibt: »Meine Mutter wurde ungewollt schwanger – nicht durch Vergewaltigung (ich erwähne dies nur, weil es für manche Menschen eine Art Rechtfertigung dafür darstellt, ein Kind abzulehnen). Und es war uns in über 40 Jahren nicht möglich, zueinander zu finden. Sie sagte mal, diese Jahre damals – also, als ich gezeugt wurde – existierten nicht mehr für sie. Als ich ihr darauf folgerichtig die Frage stellte: ›Dann existiere ich also auch nicht?‹, bekam ich gar keine Antwort. Und genau so hat sie mich immer behandelt – als nicht existent. Ich habe erkannt, dass ich nicht die Macht habe, meine Mutter dazu zu bringen, mich zu lieben – und was wäre das auch für eine Liebe, die man erzwingen muss? Irgendwann habe ich losgelassen, akzeptiert, dass ich diese Macht nicht habe – nicht mit Worten und nicht mit Taten. Und das war eine Befreiung!«

Ich begleite Anja an den Wohnort ihrer Kindheit. Mir fällt auf, dass ihre Körperhaltung, Stimme und Mimik plötzlich völlig verändert sind. Sie macht sich kleiner, wirkt gleichzeitig in sich gekehrt und aufgedreht. Ich merke: Die Umgebung tut ihr nicht gut. Sie will schnell wieder weg. Nur fünf Minuten sind es zur Haustür ihrer Mutter, und es ist Jahre her, dass sie sich gegenübergestanden haben. Doch Anja schafft es nicht zu klingeln.

Anjas Mutter mag in der Vergangenheit unsensibel agiert

haben, und höchstwahrscheinlich ist sie in sich gefangen, aber bösartig oder sadistisch hat sie sich ihrer Tochter gegenüber nicht verhalten. Und doch ist Anja ohne die Familie ein anderer Mensch – leicht, unverkrampfter, einfach glücklicher, frei.

Auch Lara empfindet die Funkstille mit ihrer Mutter, die ihr und ihrer Familie regelrecht nachstellte, als Befreiung. Der Abbruch erschien ihr als einzige Möglichkeit, sich und ihre Familie zu schützen. Lara reagiert nicht auf Telefonanrufe der Mutter, ebenso wenig auf SMS oder E-Mails. Die Mutter schreibt ihr weiterhin. »Nie im Leben hätte ich mir vorstellen können, den Kontakt zu meiner Mutter abzubrechen. Das war doch nie meine Absicht. Aber es hat sich durch ihre Aufdringlichkeit, ihre Hartnäckigkeit, ihr ewiges Fordern, Drohen und Erpressen und die vielen Beschimpfungen so ergeben. Mittlerweile will ich meine Mutter nie mehr sehen. Das ist sehr hart, aber ich ertrage diese Person nicht mehr«, so Lara. Heute nennt sie ihre Mutter nur noch ihre »Ex-Mutter«.

Zuvor allerdings war es die Mutter, die kurz nach Laras Rückzug die familiären Bande aufkündigte – im Versuch, die Kontrolle zu behalten und weil sie es gewohnt war, die Tochter zu dominieren. In einem Brief schrieb sie: »Ich kündige dir als Mutter. Ich will nichts mehr mit dir zu tun haben. So eine ist es nicht wert, meine Tochter zu sein. Da bin ich mir zu schade – ich wünsche dir nichts Schlechtes auf deinem weiteren Lebensweg, aber ich wünsche dir, dass es eine deiner Töchter mal ebenso macht. P. S.: Die Enterbung ist eingeleitet, dies ist die logische Konsequenz aus deinem Beziehungsabbruch.«

Beziehungswaisen: narzisstische Eltern und Kinder

Die narzisstische Persönlichkeit ist von ihrer eigenen Bedeutung restlos überzeugt. Sie verzehrt sich in Phantasien von grenzenlosem Erfolg und uneingeschränkter Macht, glaubt, etwas »Besonderes« zu sein und hat ein übermäßiges Bedürfnis, bewundert zu werden. Narzissten beuten in zwischenmenschlichen Beziehungen den anderen aus. Es fehlt ihnen an Empathie, ihr Verhalten ist durch Neid und Überheblichkeit gekennzeichnet. Auf diese Weise definiert der international renommierte Psychoanalytiker Otto Kernberg die narzisstische Persönlichkeit. Noch gnadenloser ist das Urteil der Psychoanalytikerin und Familientherapeutin Marie-France Hirigoyen, die den Narzissten als »Pseudo« beschreibt, als jemanden, der eigentlich gar nicht lebt. Zwangsläufig müsse so jemand, der ja selbst über keinerlei Substanz verfüge, andere Menschen wie ein Vampir aussaugen. Im Allgemeinen wird Männern eine narzisstische Störung doppelt so häufig attestiert wie Frauen. Doch auf Lesereisen und bei Talkshows bin ich eher narzisstischen Frauen begegnet. Meist handelte es sich dabei um Mütter von Abbrecherinnen. Ihre Neigung zur Übergriffigkeit war häufig schon in den ersten Kontakten spürbar. Oft gelang es ihnen, in kürzester Zeit das gesamte Podium auf ihre Seite zu ziehen. Auffallend war, dass diese Frauen sich selbst das größte Verdienst als vorbildliche Mutter anhefteten, bezogen auf die Funkstille aber von größter Schuld der Tochter sprachen. Auch in der Position der Verlassenen treten sie nicht zurück. Darin zeigt sich die narzisstische Tendenz zur Selbstüberhöhung. Der Vorwurf der Mütter, ihr Kind verhalte sich herzlos, ist eigentlich ein Vorwurf, den sie sich selbst machen müssten. Doch diese nur vermeintlich selbstbewussten Frauen drehen den Spieß einfach um. Auf diese Weise vermeiden sie es, sich kritisch mit sich selbst auseinanderzusetzen und sich den eigenen Widersprüchen zu stellen. »Narzisstische Menschen leugnen die Scham oder empfinden sie gar nicht, weil sie nur um sich selbst kreisen und die Scham nicht ertragen könnten. Klar, denn Scham setzt ein Gefühl der zumindest momentanen Minderwertigkeit voraus – das kann der Narzisst nicht zulassen«, so Wolfgang Hantel-Quitmann. Die Schuld oder die Verantwortung für die Funkstille liegt in den Augen narzisstischer Eltern selbstverständlich beim Kind, bei dessen Partner, dessen Umfeld oder wo auch immer, aber sicherlich nicht bei ihnen. Diese Elternteile, meist Mütter, bestimmen die Diskussionsrunden, die natürlich Futter für ihren Mangel an Aufmerksamkeit sind. Sie genießen das Bad in der Öffentlichkeit, der sie ihre Grandiosität beweisen können.

Narzisstische Menschen können durch ihr Verhalten den Kontaktabbruch provozieren, doch vor allem neigen sie selbst zum Abbruch von Beziehungen. Weil sie sich schneller gekränkt fühlen als andere Menschen und sich schwertun, eigene Schwächen und Fehler in ihr Bild von sich selbst einzubeziehen, fällt das abrupte Ende einer Beziehung ihnen leichter als die möglicherweise unangenehme Konfrontation mit sich selbst.

Weil ihnen der Zugang zu den eigenen Gefühlen wie zu denjenigen anderer schwerfällt, neigen Narzissten unter Umständen auch dazu, anderen die Gültigkeit ihrer Wahrnehmung abzusprechen. Als Bezeichnung für diese Art seelischen Missbrauchs gibt es den Begriff des *gaslighting*. Einige Leserinnen des *Funkstille*-Buches machten mich darauf aufmerksam. Das Wort ist aus dem amerikanischen Theaterstück *Gaslight* entlehnt, das unter dem Titel *Das Haus der Lady*

Alquist mit Ingrid Bergman in der Hauptrolle verfilmt wurde. In dem Film versucht der Ehemann, seine ungeliebte Frau durch Manipulieren kleiner Gegenstände in ihrer Umgebung in den Wahnsinn zu treiben. So dimmt er etwa unbemerkt die Gaslampen in dem Haus und redet seiner Frau ein, das Licht habe sich nicht verändert. Schließlich stellt sich heraus, dass der Mann diese Tricks anwendet, um an Juwelen heranzukommen, die im Haus versteckt sind.

Eine Leserin beschreibt diese Form der Manipulation durch die eigene Mutter: »›Gaslighting‹ ist eine der gemeinsten, heimtückischsten und wirksamsten Formen emotionalen Missbrauchs. Es treibt einen förmlich in den Wahnsinn, wenn die eigene Wahrnehmung ständig von der Mutter abgestritten und in Frage gestellt wird. Besonders schlimm ist es deswegen, weil es durch die eigene Mutter geschieht, durch die Person, die einem eigentlich Sicherheit geben sollte und zu der man aufschaut. ›Gaslighting‹ lässt dich dein Vertrauen in deine eigenen Sinne, deine Erinnerung und deine Umgebung verlieren. Es bringt dich durcheinander, verunsichert dich und ist ein Auslöser für Depressionen.« Diese Tochter ist die Betreiberin der Webseite *www.narzissmus.org*. Dort erklärt sie, in welcher Weise das »Begasleuchten« zum Einsatz kommt: »Die Mutter sagt dir, was du fühlst und denkst, sie sagt dir, wie andere Menschen dich wahrnehmen (egoistisch, überheblich) (...), sie moniert die Körpersprache, die wahlweise zu ausladend, zu schüchtern, zu verführerisch (...) ist, sie sagt, du hättest etwas getan, an das du dich nicht mehr erinnern kannst(...), sie legt dir Worte in den Mund, du verhältst dich peinlich, unangebracht, zu laut, zu leise (...), sie streitet ab, dass etwas je passiert ist oder dass sie etwas je gesagt hat.«

Zweifellos ist diese Art von Psychoterror ebenso subtil wie brutal und leider auch nicht selten. »Ich durfte nicht fühlen, was ich fühlte, nicht sagen, was ich wollte. Ich bin falsch, wie ich bin«, erklärt Lara. In ihren Briefen dichtete die Mutter ihr Traumata und Störungen an, die sie nachweislich nicht hatte, stellte ihre Glaubwürdigkeit permanent in Frage und sprach von schrecklichen Erlebnissen, die es nicht gab. Fast klingt das nach einer Gehirnwäsche, dem Versuch, den Geist des anderen zu kontrollieren (*mind control*). In diesen Zusammenhang gehört auch, dass Laras Mutter immer wieder versucht, einen Keil zwischen Lara und ihren Mann zu treiben. Viele Abbrecher, die mir geschrieben haben, fühlen sich als Waisen. Sie haben einfach nichts mit ihren Eltern zu tun und die nicht mit ihnen. Es gibt weder Neugier noch Interesse, weder Sorge noch Zuwendung. Ignoranz und Gleichgültigkeit sind schlimmer als Hass. »Meine Mutter neigt dazu, immerzu über sich zu reden. Sobald das Gesprächsthema mal in eine andere Richtung geht, spürt man richtig, dass sie daran keinerlei Interesse hat, außer, sie kann sich in irgendeiner Weise wieder hervorheben«, schreibt eine Leserin.

Narzisstische Eltern brechen den Kontakt zum Kind oft auch ihrerseits ab. Meist geht es dabei um Loyalität und Kontrolle, denen sich das erwachsene Kind entzieht. Eine verlassene Tochter schrieb mir: »Vor zwei Jahren haben meine Eltern den Kontakt zu mir und meinem Mann abgebrochen, weil ich es wagte, Partei für die Frau meines Bruders zu ergreifen, mit der sie nicht einverstanden waren. Keine Chance auf Aussprache, keine Chance auf Erklärung. Zuerst dachte man, sie würden sich wieder beruhigen. Dass Eltern von drei Kindern plötzlich zu den zweien mit geregeltem Leben keinen Kontakt mehr wollen, schien unvorstellbar. Aber es ist, als wären wir nie eine Familie gewesen. Es ist schwer, damit zu leben, aber nicht schwer genug, den Stolz beiseite zu schieben und den ersten Schritt zu machen, weil ich nur ein einziges Mal im

Leben erwarten kann, dass meine ›Eltern‹ den ersten Schritt machen und sich ihren Fehler eingestehen. Nur ein einziges Mal. Aber inzwischen ist so viel passiert: Mein Bruder hat geheiratet, wir haben ein Haus gebaut, das Leben ist weitergegangen, und sie haben nichts davon mitbekommen, an nichts davon teilgehabt. Wie kann man plötzlich aufhören, seine Kinder zu lieben? Es tut weh, verlassen zu werden, auf dem Abstellgleis zu stehen und zu wissen, wie sehr einen die Traurigkeit für immer quälen wird, wenn es eines Tages dann zu spät sein wird, um die Dinge wieder in Ordnung zu bringen.«

Prägende Ereignisse in der Biografie: wunde Punkte, unbekannte Auslöser

Können wir den Abbrechern und Kontaktflüchtlingen einen typischen Charakter zuordnen? Neben der genetischen Anlage sind es die Umwelterfahrungen, die einen Menschen grundlegend prägen, besonders in den ersten Lebensjahren. Eltern können die Entwicklung ihres Kindes zu einer stabilen, ausgeglichenen Persönlichkeit fördern, aber auch hemmen. Auch die Geschwisterfolge spielt eine Rolle sowie der Altersunterschied zwischen den Kindern.

Schon im *Funkstille*-Buch habe ich die Bindungstheorie des britischen Kinderpsychiaters John Bowlby angesprochen. Nach ihm gibt es unterschiedliche »Bindungstypen«, die sich in Abhängigkeit von frühkindlichen Erfahrungen entwickeln und mitunter über Generationen weitergegeben werden: den »sicher gebundenen« Typus, den »unsicher-ambivalenten«, den »vermeidenden« und den »desorganisierten« Typus. In der Hirnforschung deutet manches darauf hin, dass bestimmte Verschaltungen im kindlichen Gehirn zu lebenslangen »biologischen Narben« führen können. Solche Narben können ebenso wie ein ungünstiges Umfeld zu Beginn des Lebens später zur Entstehung seelischer Beeinträchtigungen oder sogar Erkrankungen beitragen.

»Depression kommt häufig von nichtverarbeiteten Verlassens-Szenarien, so dass man dann verlässt, bevor man verlassen wird. Man nennt das contra-phobisches Verhalten. Dieses Verlassen ist dem Betroffenen nicht bewusst, weil die Erkenntnis, die dahinter steht, viel zu schmerzlich wäre. So einer geht dann, nicht wissend, warum er geht. Er beschuldigt dann eben den anderen. Das ist weniger Narzissmus, sondern hat eher mit misslungener Trauerarbeit zu tun«, erklärt Wolfgang Hantel-Quitmann.

Jeder Mensch kann – ob seelisch krank oder nicht – durch eine schlimme äußere Erfahrung traumatisiert werden. Die psychische (Schutz-)Reaktion ist dann häufig eine sogenannte »Dissoziation«: Der Betroffene spaltet das Geschehene von sich ab, so, als wäre es nicht ihm, sondern jemand anderem passiert. Brechen solche eingekapselten Persönlichkeitsanteile dann zu einem späteren Zeitpunkt wieder auf, kann dies verheerende Folgen haben. In manchen Fällen führt die Dissoziation zu einem Fluchtverhalten, das immerhin so häufig und gleichförmig vorkommt, dass es in der Fachwelt einen eigenen Namen bekommen hat: *Fugue* – ein plötzliches, für Außenstehende unmotiviert scheinendes Weggehen, das mit der Unfähigkeit verbunden sein kann, sich an die eigene Vergangenheit einschließlich vertrauter Menschen zu erinnern. Dieser Zustand kann kurz oder länger andauern, ja sogar zur Herausbildung einer neuen Identität führen.

»Als mein Freund das erste Mal einfach wegblieb, ohne ein Wort, sind all meine Verlustängste wieder aufgebrochen«, erklärt Annika. »Der Weggang meines Vaters, als ich sechs

Jahre alt war, war plötzlich wieder total präsent. Dieses Gefühl, im Stich gelassen worden zu sein, ist so stark, so schmerzhaft, dass man glaubt, daran sterben zu müssen. Als mein Freund sich wieder meldete, sagte ich ihm, dass es für mich einen Weltuntergang bedeutet, wenn er sich so verhält. Deshalb kündigt er jetzt die Funkstillen an, erklärt sich aber nicht.« Wie es ihr damit geht, umschreibt Annika bildlich so: »Es ist so, als ob ich gefesselt auf einem Stuhl in der Küche sitze, und er läuft draußen vor dem Fenster herum, pfeift und singt.«

Fünftes Kapitel

Die Gewalt des Schweigens

Ein Sturm kommt auf

Jeder Mensch lebt stets in einem Spannungsfeld zwischen dem Streben nach Autonomie einerseits und Geborgenheit andererseits. Wird in dieser Dialektik die Wut über die eigenen Abhängigkeiten zu stark, kann ein Kontaktabbruch die Folge sein.

Diana, die nach 15 Jahren urplötzlich von ihrem Mann Johannes verlassen wurde, will nicht bestätigen, dass es ihm um Autonomie gegangen sein könnte, um Identität. Auch ob es vor dem Abbruch von seiner Seite Signale der Abgrenzung gab, bleibt unklar. Glaubt man Diana, gab es nichts, was auch nur dem Anschein nach eine Trennung ankündigte.

Warum hat Diana die Veränderungen, die es doch gegeben haben muss, nicht wahrgenommen? Die Antwort auf diese Frage könnte lauten, dass lebensbestimmende Erfahrungen von sehr leiser Art sein können. Man muss annehmen, dass Johannes sich schon länger mit dem Gedanken der Trennung beschäftigt hat, bevor er sie dann tatsächlich vollzog. Glaubte er, dass Diana ihn nicht gehen lassen würde, wenn er sich erklärte? Wieso konnte er nach 15 Jahren die Ehe nicht regulär beenden? Wieso heiratete er Diana nach 14-jähriger Beziehung, ein Jahr vor der Trennung? Warum war er nicht in der Lage, den Konflikt zu benennen und ihn – so es denn tatsächlich keine Lösung gab – einigermaßen vernünftig abzuschließen? »Meine Hypothese wäre«, so Wolfgang Hantel-

Quitmann, »er wäre immer noch bei ihr, wenn er sie nicht geheiratet hätte. Es wäre nicht gut für sie, aber er wäre noch da. Die Frage ist, welche Bedeutung die Heirat für ihn hatte und warum er nicht drei Monate später, sondern ein Jahr später den Kontakt abgebrochen hat. Die Lösung liegt sehr wahrscheinlich in der biografischen Geschichte, bevor die beiden sich kennengelernt haben. Was die Menschen häufig wissen, sind die Daten, aber nicht die emotionale Bedeutung. Das ist immer wieder das, was ich in Therapien erlebe, dass die Leute mir zwar sagen: Das wussten wir zwar alles, aber wir wussten nicht, welche Bedeutung das hat, wie mächtig das ist, welche Gefühle damit verbunden sind und wie stark das heute noch wirkt.«

Dianas Mann Johannes begann sich um seinen vierzigsten Geburtstag herum zu verändern. Bei der Reinszenierung ungelöster Konflikte spielt die Zeitkomponente eine wichtige Rolle. So bricht beispielsweise eine Frau mit 21 Jahren den Kontakt zur Mutter ab. Die Mutter hat ihrerseits den Kontakt zur Mutter mit 21 Jahren abgebrochen. Man nennt dies »Anniversary-Effekt«. Der Tochter ist jedoch nicht bewusst, warum sie für den Kontaktabbruch genau diesen Zeitpunkt wählt.

Diana hat Johannes' Veränderung durchaus wahrgenommen. »Es gab immer häufiger unflätige Bemerkungen, mehr aber nicht. Dass es in ihm wohl gebrodelt hat, wie sollte ich das erkennen?«, so Diana im Gespräch. Angesprochen hat sie Johannes auf seine temporäre Gereiztheit nicht. Sie wollte die gemeinsame Zeit nicht beschweren. Wollte sie auch den aufkommenden Sturm nicht sehen?

Ein Grundfehler in vielen Beziehungen ist, so der Lebenskunstphilosoph Wilhelm Schmid, immerwährendes Glück vom anderen zu erwarten. Polarität gehöre nun mal zum Leben, und so seien auch Beziehungen nicht an jedem Tag des

Lebens glücklich. Das Unglücklich-Sein, so Schmid, »lässt sich mäßigen, aber die Voraussetzung dafür ist, es in seinem Recht auf Existenz anzuerkennen.« Eine Leistung, die beide Partner einer Beziehung erbringen müssen.

Es gibt in dem Prozess vor der Funkstille fast immer einen Zeitpunkt, wo man angesichts des aufkommenden Sturms hätte umkehren können, Lösungen hätte finden können, eingreifen oder Stopp sagen können. All das hätte nicht unbedingt das Ende der Beziehung verhindert, wohl aber, dass es in Form eines alle Beteiligten so belastenden Schweigens kommt. Menschen ändern sich. Und das muss nicht zwangsläufig mit dem Beziehungspartner zu tun haben. Wolfgang Hantel-Quitmann warnt davor, ständig alles auf sich zu beziehen: »Menschen kriegen plötzlich Krankheiten, einen Tumor zum Beispiel. Man kann sogar plötzlich psychische Krankheiten kriegen. Es gibt psychische Wesensveränderungen! Wir machen keine Abonnements auf Menschen, und jeder Mensch ändert sich. Es kann auch sein, dass man sich selber verändert hat, und zwar so, dass der Partner es nicht mehr aushält.«

Psychische Unzuverlässigkeit

Annika hat mit ihrem Freund Oliver geredet: Sie verlangte eine Ankündigung seiner »temporären Funkstille-Ausfälle«, wie sie es nennt. Zu sehr hielt seine Unzuverlässigkeit sie in Atem, nichts konnte sie planen, nichts unternehmen. »Mindestens zweimal im Jahr kommt es zu schweren Rückzügen, dazwischen gibt es aber auch kleinere Funkstillen, die jedoch mit den Jahren kürzer geworden sind. Ich leide immer noch unter seinem plötzlichen Schweigen, halte es schlecht aus, aber ich sage heute auch, bis hierher und nicht weiter. Leider erklärt Oliver nur, dass er eine Pause braucht, aber er erklärt nicht, warum. Vielleicht weiß er es auch selber nicht«, mutmaßt Annika. Wolfgang Schmidbauer meint dazu: »Wenn Menschen unzuverlässig werden, Verabredungen nicht einhalten, höchst erstaunt reagieren, wenn sich jemand durch dieses Verhalten gekränkt fühlt, liegt die Frage nahe, ob da nicht ein Suchtmechanismus am Werk ist. Er hat die Fähigkeit verzehrt, sich in die Kränkung des Gegenübers einzufühlen, das sich auf einen Kontakt eingestellt hat und nun ins Leere läuft.« Vielleicht aber traut Oliver sich auch nicht, sich in Annika einzufühlen, weil er Angst davor hat, sich selbst zu verlieren?

Für Annika bedeutet sein Hin und Her schlichtweg Stress. Angst bei einem Beziehungspartner versetzt ständig auch den anderen in Angst – die Unberechenbarkeit wird kultiviert. Psychische Unzuverlässigkeit blockiert die Orientierungsmöglichkeit. Und sie ist selbstverständlich eine Demonstration von Macht. Oliver ist ein Einzelgänger, hat kaum Freunde. Er behauptet, er brauche sie nicht.

Viele Leser, die unter der psychischen Unzuverlässigkeit eines ihnen vermeintlich nahen Menschen leiden, beschreiben ein Gefühl des ständigen Auf-der-Hut-Seins, des unentwegten Beobachtens des anderen: Welchen Gesichtsdruck hat er, oder welche Tonlage hat seine Stimme? Sie fürchten seine Kälte, wenn sie seinen Erwartungen nicht entsprechen, und doch wundern sie sich am Ende, dass die Freundschaft oder Beziehung schiefgegangen ist. Andere fühlen sich getäuscht und missbraucht. Das ist der wahre Schock.

Annika hatte sieben Jahre Funkstille mit ihrer Mutter, die nicht nur seelisch grausam war, sondern ihr auch körperliche Verletzungen zufügte. Natürlich könne sie das nicht vergessen, meint Annika (die den Kontakt mit ihrer Mutter wieder aufgenommen hat), und vielleicht sei ihre Toleranzschwelle auch zu niedrig, aber »ich habe eben nur eine Mutter und ja, da sind zwar Schatten, aber es ist ein schönes Verhältnis«.

Es gibt viele Geschichten, die derjenigen von Annika ähneln. Als Kind früh vom Vater verlassen; die Mutter, verletzt, erklärt den Weggang nicht. Die Folge: Die Betroffenen erleben den Verlust in ihren Beziehungen immer wieder, oder sie brechen ab, bevor es zur Trennung kommt. Sie sind in einer permanenten Unsicherheit aufgewachsen. Kontinuität ist ihnen fremd und macht ihnen Angst. Sie durchleben das Trauma des Verlassenwerdens immer wieder, was als Versuch betrachtet werden kann, die ursprüngliche Verletzung zu kurieren.

Eine Leserin schreibt: »Ich heiße Leila und wurde zum ersten Mal im Alter von zwei Jahren mit Schweigen konfrontiert, als mein Erzeuger nach einem Streit mit meiner Mama nie mehr wiederkam. Da dieses Thema nach wie vor nicht gelöst ist, habe ich das besondere Glück, auch auf partnerschaftlicher Ebene Männer anzuziehen, mit denen alles wunderbar tiefgehend ist, bis zu dem Tag, an dem auch sie sich schweigend, ohne jegliche Vorwarnung, vom Acker machen. Ich möchte hier Schuldzuweisungen und Selbstmitleid auslassen, denn in jeder Beziehungsdynamik sind beide Individuen eigenverantwortlich und tragen jeweils ihren Verantwortungspart am jeweiligen Geschehen. Ich beschäftige mich bereits sehr lange mit dem Thema Schweigen, da es mich einfach recht früh betraf, dennoch zieht es sich nach wie vor wie ein roter Faden durch mein Leben, so lange, bis mein Ursprungsthema, sprich der frühe Verlust meines Erzeugers, erlöst ist. Die Erlösung eines Traumas bedarf der Akzeptanz und des Verzeihens. Beides scheine ich noch nicht hinreichend zu beherrschen, sonst bliebe mir die Wiederholung des Themas bereits erspart.«

Leila ist ihr Ursprungsproblem also durchaus bewusst, und doch ist sie nicht in der Lage, mit dem Schweigen der anderen umzugehen. Sie stellt im Forum auf *www.funkstille-buch.de* eine Reihe von Fragen: »Wie lautet die Definition von Schweigen? Reaktionsverweigerung? Taktische Stille? Verbaler Erstickungstod? Was wäre das Pendant zum Schweigen? Ist es respektvoll, Schweigen zu vermeiden, oder ist es gar respektvoll, eine potentiell verletzende Wahrheit mit Schweigen zu ummanteln? Welche schmerzende Wahrheit der Welt wäre verletzender als der reine Akt des Schweigens?«

Sucht nach Anerkennung

Der Mensch braucht Anerkennung, und die Funkstille ist deren genaues Gegenteil: Der Verlassene wird ja dem Augenschein nach ignoriert. Im vorigen Kapitel war viel vom Narzissmus auf Seiten der Verlassenen die Rede. Denkbar ist aber auch, dass der Abbrecher aus narzisstischen Impulsen heraus die Beziehung beendet. »Die narzisstische Kränkung reißt alle Aufmerksamkeit an sich und blockiert jede Empathie«, so Wolfgang Schmidbauer. Dann wird aus einem Menschen ein gnadenloser Rächer, der seine verloren geglaubte Ehre retten will.

Unvollkommenheit in der Beziehung macht den narzisstisch Gestörten nervös, denn sie erinnert ihn an die eigenen Mängel, für die er sich schämt. Deshalb muss er die Beziehung ausmerzen. Damit ist auch die Gefahr der Nähe gebannt, die darin besteht, dass der andere die so mühsam verborgenen Schwächen erkennt. Doch erst das Unvollkommene macht unterscheidbar. Das Perfekte ist glatt, nichts verhakt sich, auch kein Gefühl! Doch auch das kann – zumindest unbe-

wusst – beabsichtigt sein, wenn Gefühle als bedrohlich empfunden werden.

»Das Größenselbst kennt nur Symbiose oder Feindschaft«,
so Wolfgang Schmidbauer, und er erklärt den Vorteil dieser
Denkweise: »Wer aus dem positiven Vorurteil in das negative
kippt, erspart sich die Auseinandersetzung mit der Realität,
die auch immer bedeutet, sich Kränkungen zu stellen und
Ängste vor Kränkungen zu überwinden.«

Der Narzisst muss andere Menschen abwerten, um sich
selbst aufzuwerten. Dabei ist er getrieben vom Neid auf die anderen. Beim Neid, so Marie-France Hirigoyen, handelt es sich
»um eine auf Anhieb aggressive innere Haltung, die sich gründet auf der Wahrnehmung dessen, was der andere besitzt und
das man selbst nicht hat.« Offensichtlich ist Neid die Folge
eines Minderwertigkeitsgefühls. Das Absurde im Fall einer
narzisstischen Persönlichkeitsstörung besteht darin, dass der
Narzisst, besäße er zum Beispiel die Fähigkeit des anderen, gemocht zu werden, damit gar nichts anfangen könnte. Er be-
gehrt also etwas, was er gar nicht verwerten kann. Ihm fehlt
das emotionale Werkzeug. Er beneidet den anderen um ein
Leben, das er nicht hat und nie haben kann, weil er ist, wie er ist.

Der Wunsch nach Anerkennung ist jedoch nicht *per se*
schon pathologisch. Jeder Mensch braucht sie. Jeder möchte
gesehen werden. Ralf glaubt heute, dass sein und Isas gemeinsames Bedürfnis, wahrgenommen zu werden, fast schon das
Hauptproblem der Beziehung war. Jedes tatsächliche oder
auch nur vermeintliche Ausbleiben einer Anerkennung wer-
tete jeder von beiden für sich als Verletzung. Sie sprachen
nicht darüber, weil sie sich ihrer Bedürftigkeit schämten, weiß
Ralf inzwischen.

Die Funkstille ist für die Verlassenen auch deshalb so verletzend, weil sie als ultimativer Ausdruck der Nichtanerken-

nung empfunden wird. Ihr Wunsch nach Kontakt und ihr Bedürfnis, in ihren Gefühlen, ihrem Charakter wahrgenommen zu werden, werden, so scheint es, vom Abbrecher in keiner Weise respektiert.

»Ein Mord an der Seele«

»Wenn ein geliebter Mensch stirbt, so ist dies ein herber Schlag im Leben eines normal empfindenden Menschen. Wenn jemand sich ohne Worte aus einer Liebesbeziehung stiehlt, so möchte er auch den anderen bleibend und dauerhaft emotional schädigen. Das ist wie ein Mord an der Seele!«, schreibt ein Leser.

Auch Diana spricht in Bezug auf Johannes' Kontaktabbruch von »Seelen-Mord«. Der Mann, der ihr Leben kippen ließ, war ihr Ehemann. Wie sollte sie ausgerechnet von ihm eine solche Verletzung erwarten?

Egal, aus welchen Gründen geschwiegen wird: Sehr viele Betroffene empfinden den Kontaktabbruch als seelischen Mordanschlag. Übertrieben? Nein! Keiner der Experten, die ich befragte, fand den Vergleich überzogen. Wolfgang Hantel-Quitmann, der renommierte Psychologe und Familientherapeut, stellt klar: »Kommunikation und Kooperation sind Grundvoraussetzungen für Menschlichkeit! Wir sterben ohne das!« Hugo Grünwald, Professor an der Zürcher Hochschule für Angewandte Wissenschaften, stuft nur »den reinen Akt des Tötens« als verletzender ein als den Akt des Schweigens.

Der Kontaktabbruch ist ein langsamer Mord und damit umso quälender. Tatsächlich hat die Funkstille einige Menschen bis hin zum Suizidversuch getrieben.

Ein Mann, der von seiner Frau verlassen wurde, schreibt:

»Ich erwische mich regelmäßig dabei, wie ich darüber nach-
denke, bei 200 Stundenkilometern das Lenkrad zu verreißen,
ohne anderen zu schaden. Ich habe nichts mehr, was mir le-
benswert erscheint. Meine Anfrage an meine Noch-Frau, ob
der Kontaktabbruch bedeutet, dass ich nicht mehr existiere
und das wörtlich nehmen soll, wurde erwartungsgemäß auch
nicht beantwortet.« Marie-France Hirigoyen spricht in Bezug
auf die Kontaktverweigerung von einer »sauberen« Gewalt:
Man sieht nichts, es gibt keine ärztlichen Protokolle, keine
Augenzeugen, keine sichtbaren Verletzungen. Keine Spuren,
kein Blut, kein Leichnam. Der Tote ist ja dem Augenschein
nach lebendig.

Das abrupte Ende einer Beziehung durch die Funkstille ist
ein Zustand des Zusammenbrechens. Zwei Menschen sind
auseinandergerissen – nicht durch Tod, sondern mitten im
Leben. Mit dem Ende des »Wir« droht auch das »Ich« zu zerbrechen. Auch in langjährigen Beziehungen kennt man einander – und sich selbst – nie ganz. Diana macht diese Erfahrung
auf besonders schmerzhafte Weise, seit Johannes sie verlassen hat. Sie sieht es als zerstörerische Prüfung, dass er sie »so
hängenlässt«. Dem Gefühl des Abgeschnittenseins, des Ge-
teiltseins, ja, des nicht mehr Teilenkönnens, kann sie nicht
entkommen. Immerhin hat sie fast die Hälfte ihres Lebens
mit Johannes verbracht. Oft hört man, großer Schmerz be-
täube. Das stimmt nicht. Er macht eher empfindlicher, dünn-
häutiger.

Der Abwesende ist in seinem Schweigen unentwegt anwe-
send – ein Zustand, der für die Verlassenen schwer zu ertragen ist. »In der Allgegenwart eines Abwesenden zu leben, ist
ein Zustand der Zerrissenheit und Benommenheit, der die
Vertrauenswürdigkeit nimmt, weil niemand dir diese Doppe-
lung ansieht, weil sich niemand vorstellen kann, dass du un-

unterbrochen von dem begleitet bist, was andere als kurzes Vermissen kennen. Es ist die permanent anwesende Vergangenheit«, formuliert Connie Palmen. Sie spricht dabei vom Verlassenwerden durch den Tod des Partners, doch ihr Gefühl deckt sich mit dem der Verlassenen der Funkstille. Dass der andere noch existent ist, macht die Trauer nicht einfacher, denn er ist ja nicht greifbar.

Marie-France Hirigoyen ist überzeugt davon, dass der Abbrecher den Verlassenen bewusst quälen will. Dies geschehe aus Neid. Der Abbrecher wolle sich das Glück, den Erfolg, die Beliebtheit des anderen aneignen, um den eigenen Mangel zu kompensieren. Der, der nicht leben kann, strebt nach Macht über den Lebenden.

Tatsächlich kommt es vor, dass Abbrecher Briefe, E-Mails und SMS der Verlassenen – allesamt natürlich unbeantwortet – als Waffe verwenden. Wenn so etwas geschieht, fühlen die Verlassenen sich oft ein zweites Mal geschlagen. Sie sind doch schon am Boden – warum attackiert der Abbrecher sie noch weiter, ohne ihnen die Möglichkeit zur Verteidigung zu geben? »Ich habe keine Möglichkeiten zu verhandeln, meinen Standpunkt klar zu machen«, sagt Dora über ihre frühere Freundin Sandra. »Sandra diktiert mir die Stille!«

Unzählige Zuschriften beschreiben die Beschwerden, die die Funkstille bei den Verlassenen auslöst. Von »Angstattacken, Depressionen, Schwindel, Magenkrämpfen, Atemnot und Herzrasen« ist die Rede, einige nehmen unverhältnismäßig ab, die Situation zehrt sie regelrecht auf. Sehr viele Verlassene suchen therapeutische Hilfe, manche müssen sich gar zur Behandlung in eine Klinik begeben. Diese Menschen trauern, fühlen sich aber gleichzeitig unter Erklärungsdruck, denn es ist ja niemand gestorben. Diana leidet unter dem Gedanken, dass die 15 Jahre mit Johannes wertlos waren. Die beiden haben keine Kinder. Nichts, das bleibt, sagt sie. Ihre Ehe empfand sie als etwas »Heiliges« und fragt sich, wie es sein könne, dass Johannes diese Zeit einfach aus seinem Leben gelöscht hat.

Was sei das denn für ein Leben, das aus lauter weißen Leerstellen besteht, fragt auch Florian, den seine Frau Susanne plötzlich verließ. Diese Auslöschung müsse man doch als Vernichtung empfinden. Der Partner habe alles, was war, vergiftet. Jeden Morgen stehe er auf mit dem Gedanken an Susanne, abends weine er sich in den Schlaf. Sie bestimme jeden Tag, jede Stunde und jede Minute seines Lebens. Er komme einfach nicht weiter, denn durch die fehlende Erklärung, den fehlenden Abschied, könne er nicht begreifen und damit eben nicht abschließen. Keine Bewegung. Nur Stillstand: »Sie hat mich getötet, mein Inneres, der Körper ist zwar da, ist aber nur eine Hülle«, sagt Florian, und er fragt: »Bleibt ein Mörder nicht ein Mörder, selbst wenn er Gründe hat?«

»Das Schlimmste an der Funkstille ist diese Ignoranz, richtig fies und heimtückisch ist das«, so Dora. »Ich bin eine Macherin, führe erfolgreich eine IT-Firma mit 20 Mitarbeitern, die ich selbst aufgebaut habe. Nebenbei habe ich meine Tochter großgezogen. Ich denke, ich bin klar, ehrlich und offen, mache aus meinem Herzen keine Mördergrube. Dann durch das permanente und undurchdringbare Schweigen so ausgeknockt zu werden, ist unerträglich. Ich kann nichts machen. Sandra reagiert nicht. Zu Beginn dachte ich, es ist, als ob sie gestorben wäre. Es ist aber doch wohl eher umgekehrt. Ich bin für sie gestorben. Das ist schon heftig. Wenn man den Gedanken weiterspinnt, will sie mich also töten«, sagt Dora und wirkt dabei immer noch vollkommen ungläubig. »Das größte Übel, das wir unseren Mitmenschen antun können, ist nicht, sie zu hassen, sondern ihnen gegenüber gleichgültig zu sein.

Das ist die absolute Unmenschlichkeit«, sagte der irische Dramatiker George Bernard Shaw.

Ist die Funkstille also tatsächlich ein Kapitalverbrechen?

Fest steht: Der Abbrecher gewinnt durch sein Schweigen eine enorme Macht über den Verlassenen, der in der ersten Zeit nach dem Abbruch meist verzweifelt um Erklärungen bittet. Auch wenn der Abbrecher sein Schweigen aufrechterhält, hört der Verlassene erfahrungsgemäß nicht damit auf, ihn und seine Motive verstehen zu wollen – ein gedankliches Kreisen, das zur beständigen Qual werden kann. So verstanden, machen die Abbrecher sich des Machtmissbrauchs schuldig, und die Verlassenen sind ihre Opfer.

Doch auch der Abbrecher verliert, wird zum Opfer seines eigenen Denkens und Handelns. »Der Tyrann denkt, er könne alle Fesseln abwerfen und dadurch die eigene Lage unter Kontrolle bekommen. Dummerweise muss er dazu alle anderen direkt oder indirekt in Fesseln legen, was einen Apparat erfordert, als dessen er fortan lebt«, sagt Martin Seel, Professor für Philosophie, Frankfurt. »Dass er arm dran ist, weil er sich die schönsten Früchte der Freiheit entgehen lässt, merkt er erst, wenn es längst zu spät ist. Dass er sich schuldig macht, weil er die anderen ihres Lebens und ihrer Freiheit beraubt, merkt er, wenn überhaupt, erst dann, wenn es ihm selbst an den Kragen geht. Der Tyrann nimmt sich die Freiheit, nur auf eigene Rechnung zu handeln. Dass diese Rechnung nicht aufgehen kann, ändert nichts daran, dass es seine Rechnung ist, die er zu begleichen sucht. Dafür kann er etwas. Er hätte anders handeln können.« Man darf also sein Verhalten böse nennen, schlussfolgert Seel.

Es gibt eine von der Vollversammlung der Vereinten Nationen angenommene Resolution, die die rechtlichen Grundprinzipien der Opfer von Machtmissbrauch erläutert: »Unter

148

›Opfer‹ versteht man Personen, die, einzeln oder gemeinsam, einen Schaden erlitten haben, insbesondere eine Verletzung ihrer körperlichen und geistigen Integrität, ein seelisches Leid, einen materiellen Verlust oder eine schwerwiegende Verletzung ihrer Grundrechte, auf Grund von Taten oder Unterlassungen, die noch keine Verletzung der nationalen Gesetzgebung bilden, aber eine Verletzung der international anerkannten Normen auf dem Gebiet der Menschenrechte darstellen.« Von daher scheint es durchaus gerechtfertigt, wenn die Protagonisten der Funkstille – aber auch Juristen und Therapeuten – von einer extremen Form der Gewalt, einem Verbrechen und Terror, ja, Krieg innerhalb von Beziehungen sprechen. Hierbei sollte jedoch nicht außer Acht gelassen werden, dass vielfach nicht nur die Verlassenen, sondern auch die Abbrecher sich als Opfer seelischer Gewalt begreifen. Dreht man den Spieß um, ist der Kontaktabbruch die Reaktion auf den Machtmissbrauch von Seiten derjenigen, die verlassen werden.

Schweigen ist eindeutig eine »Entmenschlichung«, sagt Wolfgang Hantel-Quitmann. Doch er bringt eine neue Perspektive ins Spiel: Man dürfe bei allen Vorwürfen nicht vergessen, dass das Gehen auch Gewalt verhindern könne. »Gewalt und Schweigen gehören in der Tat zusammen. Das Schweigen kann aber auch der Gewalt vorausgehen. Man könnte sagen: Bevor ich gewalttätig werde, schweige ich. Wir wissen von Gewaltpaaren, dass es im Schnitt zwölf Sekunden braucht, bis es zur Gewalt oder einer Konfrontation kommt. Die stehen genau vor der Alternative: Ich gehe, oder es kommt zur Gewalt. Gewaltpartner wissen ganz genau, wie sie sich gegenseitig auf die Palme bringen. Therapeutisch betrachtet ist das Gehen bei Menschen, die zu Gewaltausbrüchen neigen, ein Erfolg. Die Abbrecher sind dann natürlich nicht glücklich, aber immerhin sind sie aus der Gewalteskalation raus«, erklärt er. Schweigend wegzugehen kann also das kleinere Übel sein.

Nach dem ersten Jahrestag ihrer Funkstille tauschten Diana und ich uns mehrfach aus. Diana erklärte, dass sie ein zweites Jahr Funkstille, ein weiteres Jahr, angefüllt mit Tränen und Wut, definitiv nicht ertragen würde. Diese größte Niederlage ihres Lebens werde sie niemals verarbeiten können. Ihre Verzweiflung hatte sich noch keineswegs erschöpft. Der plötzliche und so unerwartete Weggang ihres Mannes war für sie auch ein Jahr nach dem Bruch nicht zu fassen. Immer wieder fragt sie sich, warum gerade ihr so etwas passieren musste, was sie ihm getan hat und warum er sie mit dieser maximalen Verachtung straft.

»In unserer Beziehung gab es keine latente Gewalt«, so Diana, »einzig sein jetziges Schweigen ist ein Akt der Gewalt, zuvor gab es in unserer Beziehung weder Streit noch Psychoterror. Wir hatten, so war jedenfalls meine Empfindung, 15 wunderbare Jahre! Ich muss unfassbar blind gewesen sein, und dafür schäme ich mich. Ich schäme mich aber auch für ihn!«

Der Abbrecher jedoch zeigt in den seltensten Fällen Spuren von Scham, obwohl genau das wichtig für ihn wäre. Die Abwesenheit von Scham und Schuldeinsicht kann dysfunktional sein, nämlich dann, wenn sie die einzig angemessenen Gefühle wären: wenn es darum geht, Fehler zu korrigieren und Wiedergutmachung zu leisten, Konflikte zu lösen, soziale Schäden zu reparieren. Wer unfähig ist, für andere Anteilnahme zu empfinden, schließt ein riesiges Spektrum an Erfahrungen aus und bringt sich letztendlich um einen wichtigen Teil des Lebens. Er vermindert seine Glücksbilanz schon dadurch, dass er sich allmählich isoliert und mit der Ablehnung durch andere leben muss.

Die trügerische Sicherheit unmittelbar vor dem Bruch

»Anpassung erzeugt oft Haß auf den, der sie fordert und damit die innere Unterdrückung des Unangepassten in mir erzwingt. Dieser Haß kann gegenwärtig entstehen oder aus einem Speicher alter Gefühle fließen, sich gegen frühere Tyrannen richten. Da er die Beziehung gefährdet, muss er verborgen und ungeschehen gemacht werden – durch neue Anpassungen, die ihn weiter verstärken«, so Wolfgang Schmidbauer in *Die Angst vor Nähe*.

Vielleicht hat Dianas Mann Johannes durch die Heirat kurz vor dem Bruch tatsächlich versucht, seine Anpassung noch zu verstärken, gewissermaßen einen Damm zu errichten gegen Ausbruchsgedanken, die er möglicherweise hatte. War es diese allzu große Anpassung, der lange unterdrückte Wunsch nach Freiheit, der ihn dazu brachte, ohne Erklärung zu gehen?

Wie sehr kann Diana ihrer eigenen Wahrnehmung vertrauen? Gab es für den Bruch wirklich keinerlei Anzeichen? Oder glaubte sie möglicherweise, was sie glauben wollte und hielt ihre eigene Wahrnehmung für die Realität? Doch es gibt offenbar verschiedene Realitäten. Was Diana für ihr Glück hielt, scheint für Johannes eher ein Unglück gewesen zu sein.

»Schnee ist die perfekte Metapher für Glück: Wer glaubt, es fest in den Händen zu halten, wird Zeuge, wie es dahinschmilzt, etwa in der Liebe, dieser meist verbreiteten Art des Glücksspiels. (…) Haben zwei sich glücklich gefunden, heißt das noch lange nicht, dass sie es auch bleiben, und schon gar nicht, dass sie das Verweilen des Glücks erzwingen können«, so der Philosoph Wilhelm Schmid. Diana räumt ein, dass sie bei Johannes manchmal so etwas wie eine frostige Feindseligkeit verspürte, einen Hauch von Aggression, der schnell wieder verflog, wie sie glaubte. Doch unmittelbar vor der Funkstille selbst war es windstill. Diana und Johannes genossen einen gemeinsamen Urlaub weit weg vom Alltag, waren glücklich – dachte sie.

Florian nahm kurz nach der Hochzeit bei seiner Frau Susanne eine beginnende Feindseligkeit wahr. Er reagierte verunsichert, was zu weiteren unfreundlichen Bemerkungen ihrerseits führte. War es auch bei Susanne so, dass sie eine Nähe, die nun auch noch durch den Trauschein beurkundet war, als bedrohlich empfand? Irgendwann legte sich ihre Rebellion, wie es schien. Sie und Florian verbrachten ein gemeinsames Wochenende in München und machten Zukunftspläne. Nach außen hin galten die beiden immer als Traumpaar, und Florian wollte das nur allzu gern glauben. Und doch war es so, als hätte sie ihm wohldosiert Arsen in den Kaffee gegeben. Die Trennung löste im Umfeld der beiden größte Verwunderung aus. Nach außen hin galt Susanne als Opfer.

Wie hätte Diana, wie Florian, erkennen können, dass das Verhalten des Partners nicht unbedingt ein Abbild seines Seelenzustandes war? Diana ging davon aus, dass sie und ihr Mann ähnliche Werte und Grundprinzipien hätten: Aufrichtigkeit, Ehrlichkeit, Redlichkeit, Treue und Verlässlichkeit. Doch vielleicht war all dies bei Johannes nur eine Maske? »Menschen suchen Nähe und können es nicht zeigen; sie lieben den Partner und verletzen ihn dennoch«, konstatiert Wolfgang Hantel-Quitmann. »Sie tun so, als ginge es ihnen gut, obwohl sie traurig sind; sie verdecken ihre Angst hinter einem forschen Auftreten; sie erscheinen liebevoll und empfinden dahinter einen Ekel; sie lächeln, aber hinter der Maske der Freude steckt viel Wut und Ärger; sie erscheinen cool und trachten zugleich nach Rache; sie empfinden sich ausgeglichen und verdecken damit eine mittlere Krise. Die äußerlich gezeigten Gefühle sind nicht immer innerlich empfunden, hinter der Wut steckt die Trauer, hinter der Eifersucht die Verlustangst, hinter der Schuld der Selbstzweifel oder hinter der Beziehungsangst eine unverarbeitete alte Liebe.«

Das klingt nachvollziehbar, aber wäre es nicht besser gewesen, wenn etwa Johannes oder Susanne ihre wahren Gefühle offen gezeigt hätten? »So etwas vermindert den Handlungsspielraum, in dem man verschiedene Rollen ausprobieren kann«, gibt Hantel-Quitmann zu bedenken. Nicht ohne Risiken einzuräumen: »Masken bergen aber auch die Gefahr, sich in ihnen zeitweilig oder gar dauerhaft zu verlieren. Dies hängt zum einen von der Attraktivität der Maske ab, zum anderen von der Stärke und Substanz der eigenen Person.« Gefährlich wird es also für den Maskierten, wenn er die Rolle, die er spielt, für die eigene Persönlichkeit hält oder wenn die Maske zum Gefängnis wird.

Für den Partner, der unmaskiert auftritt, ist es verwirrend, wenn er realisiert, dass der andere nicht authentisch agiert, nicht greifbar ist. Das Anders-Sein des Partners kann Angst machen. Er wird zum unerforschten Kontinent, in den man nur noch mit größter Vorsicht Expeditionen unternimmt. Eine spannungsreiche Situation, die oft in Feindseligkeiten mündet. Oder aber in Illusionen: Man verdrängt, dass der Partner anders ist, als man ihn haben möchte. Man hält an seiner ursprünglichen Erwartung fest. In diesem Fall, so Wolfgang Schmidbauer, wird das Handeln der Betroffenen »durch ein kompliziertes Ritual geformt, das sich etwa so zusammenfassen lässt: Wenn ich ihn/sie lange genug genauso behandle, wie ich von ihm/ihr behandelt werden will, dann werde ich endlich die ersehnte vollkommene Übereinstimmung und Harmonie finden.« Und er stellt fest: »Diese Erwartung hängt mit einer verborgenen Selbstüberschätzung zusammen.«

Von Foucault stammt die Feststellung, dass es im Leben Augenblicke gibt, in denen die Frage, ob man anders denken kann, als man denkt, und anders wahrnehmen kann, als man sieht, zum Weiterschauen und Weiterdenken unentbehrlich ist. Sollte man in einer Paarbeziehung immer mit dem Unberechenbaren rechnen? Immerhin ist Wahrheit nicht gleichzusetzen mit Wirklichkeit, wie wir erfahren haben, und ein Verrat scheint immer möglich.

Welche Berechtigung hat es überhaupt, so könnte man darüber hinaus fragen, vom Partner zu erwarten, dass er die eigenen Überzeugungen und Werte teilt? Ist die Beziehung nicht viel interessanter und lebendiger, wenn beide Partner je eigene Prinzipien und Ideen einbringen? Lehnen wir das Andersartige vielleicht nur deshalb ab, weil es unsere eigene Art zu sein in Frage stellt? Liebe erfordert Mut.

Florian dachte, wenn er Susanne, die keine Freunde, keinen Job und keine Interessen außer Reiten hatte, seine Welt zeigte, ihre Wünsche erfüllte und ihr alle Türen öffnen würde, würde sie mit ihm glücklich. Doch all das machte wohl nur noch deutlicher, was ihr fehlte. Möglicherweise zog Florian Susanne in eine Abhängigkeit, die sie nicht ertrug. Er versichert glaubhaft, dass dies nicht seine Absicht war. Er habe sich wirklich gefreut, wenn Susanne glücklich zu sein schien. Doch darin steckt auch die Erwartung, dass sie glücklich sein müsse, wenn er ihr die Welt zu Füßen legte. Sie jedoch blieb ihm gegenüber immer kalt und distanziert. Vielleicht hat Florian sich überschätzt in dem Glauben, Susanne gewissermaßen zum Leben erwecken zu können. Es mag ihm als reizvolle Herausforderung erschienen sein. Florian ist ein starker Mensch mit vielen Begabungen, aber zugleich muss er sich ständig beweisen, dass er es ist. Susanne erschien ihm verletzlich und beschützenswert, gleichzeitig aber auch frei und unabhängig.

Diese Widersprüche gefielen ihm, und er hoffte, von ihrer Begabung, ohne den Ballast der Vergangenheit zu leben, zu profitieren. Heute allerdings weiß er, warum sie keine Freunde hatte und es auch keine Kontakte zu Ex-Partnern gab.

Florian glaubte, Susanne ändern zu können. Letztendlich scheiterte er daran, ihr sein Leben nahe zu bringen, denn für sie bedeutete Leben etwas völlig anderes, etwas, was ihm so fremd war, dass er es nicht erkennen konnte.

Kehren wir noch einmal zurück zu Diana. Kann auch sie bis heute ihre Erwartungen an Johannes nicht loslassen? Oder ist es einfach gekränkter Stolz, der sie quält? Wohl eher nicht. Sie wirkt einfach unfassbar erstaunt. Plötzliche Beziehungsabbrüche kannte sie bis zu Johannes' Weggang nicht. Sie ist in einem liebvollen Umfeld aufgewachsen und verhält sich selbst so, wie sie es eben auch von anderen erwartet. Heute weiß sie, dass sie ihre Sehnsüchte und Wertvorstellungen auf Johannes projiziert hat. Sie denkt darüber nach, ob er und sie sich in 15 Jahren Beziehung jemals wirklich begegnet sind. Etwas kann nur ein Ende haben, wenn es einen Anfang hat. Vielleicht war alles nur Illusion. Vielleicht hat Johannes sich aber auch einfach nur verändert.

Viele Abbrecher schreiben, dass sie sich jahrelang verstellt haben, nicht sie selbst waren, sich selbst und andere permanent auf würdelose Weise belogen haben. Irgendwann, als es nicht mehr möglich war, die Rolle, die sie angenommen hatten, zu verlassen, verließen sie die ganze Situation – und damit auch die Menschen, die ihnen nahestanden.

»In der Paartherapie ist es die Regel, dass sich zwei Menschen treffen, die das gleiche Grundthema haben, aber mit unterschiedlichen Ausprägungen. Klassisch ist die Konstellation: Nähe-Frau und Distanz-Mann. Der Distanz-Mann, der eine Distanz-Frau hätte, die würden sich im Unendlichen treffen oder vielleicht einmal auf dem Flughafen oder am Bahnhof. Die Nähe-Frau, die einen Nähe-Mann heiratet, die würden in Symbiose erstarren. Die anderen beiden, die ziehen sich an. Das Grundthema ist: wie viel Nähe und wie viel Distanz geht? Bei diesen Paaren mit Verlassen und Verlassenwerden ist das Thema: ›Angst vor Nähe auf Dauer‹«, erklärt Wolfgang Hantel-Quitmann, und er fährt fort: »Die Unzufälligkeit von Partnerwahl heißt ja, dass ich mir jemanden suche, den ich verlassen kann, bevor er mich verlässt, der die Angst vor dem Verlassenwerden auch in sich hat, wo wir von vornherein einen neurotischen Kompromiss schließen müssen, zum Beispiel: Wir bleiben in unseren Wohnungen, ziehen nicht zusammen, bleiben mit unseren Konten getrennt, Kinder schaffen wir uns schon gar nicht an. In dieser Halb-Sicherheit bleiben wir, aber wir kriegen auch nie den Sprung zu einer wirklichen Intimität hin.« Bei einer solchen Konstellation sei es im Fall eines Kontaktabbruchs so, dass der Abbrecher dem Verlassenen gewissermaßen sogar etwas Gutes tue, denn mit der Funkstille komme er dessen Ängsten zuvor, erklärt mir der Paartherapeut bei einem langen Interview.

Connie Palmen hat in ihrem Roman *Luzifer* eine spezielle Beziehungskonstellation, die letztendlich in einen Bruch münden muss, sehr treffend analysiert. Sie beschreibt einen bestimmten Typus Frau, geheimnisvoll und verletzlich. Die Männer »fahren auf die Wunde ab, dieses Leiden, das durch die Schönheit hindurchschimmert (…) Tja, aber das Drama ist natürlich, daß solche Männer selbst tief in ihrer Seele angeschlagen sind und deshalb auf ein anderes unglückliches Wesen abfahren. Solange sich diese Männer damit befassen können, eine Frau zu retten, brauchen sie sich nicht in die abgründige Leere in sich selbst zu vertiefen. (…) ›Alles tue ich für dich, damit du nicht leidest‹, strahlen sie aus und verstehen gar nichts mehr, wenn ihr armer Schatz eines Tages die hübsch lackierten Krallen zeigt und sich aus der erstickenden Umarmung freikratzen will.«

Sechstes Kapitel

Die Abbruch-Gesellschaft

Lost in Transition: ein Zeitalter der Abbrüche?

Eigentlich kommen wir kaum noch zum Nachdenken. Der Alltag mit seiner Informationsflut, die allgegenwärtige »Kommunikation« des digitalen Zeitalters halten uns davon ab, uns selbst und das, was wir tun, zu hinterfragen. Für wirklich wichtige Fragen sind beim Simsen, Bloggen, Twittern und Posten kaum noch Kapazitäten frei, für die Antworten darauf erst recht nicht. Die Zeit hat man nicht, also geht es eilig weiter. Bloß nicht sich besinnen. Die ständige Kommunikation ist eine Illusion und soll es vielleicht auch sein, denn sie verbirgt, dass hinter Geschwätzigkeit und kreischendem Chaos nur Leere ist.

Dass wir dabei hinter unseren Möglichkeiten zurückbleiben, fällt uns schlimmstenfalls erst auf, wenn es zu spät ist. Wie viele Optionen in der Biografie ungenutzt bleiben, wird eventuell erst bemerkt, wenn das System kollabiert und wir selbst dabei auf der Strecke bleiben. Doch die digitalen Medien machen uns das Versprechen, dass alles immer leichter wird – warum sich also noch in komplizierten Beziehungen aufreiben? Selbst wenn es um die eigenen Kinder geht oder um die Eltern – wir mögen uns nicht anstrengen oder wir überlegen ganz genau, ob die Beziehung zum anderen nicht zu viel Ressourcen verbraucht, die anderswo effektiver eingesetzt werden könnten. In unserem durchökonomisierten

Zeitalter werden wir zum Controller unseres eigenen (Seelen-)Lebens: Lässt sich hier noch etwas maximieren, dort etwas effektiver gestalten?

Dem, was wirklich fordert, weicht man auf diese Weise aus. Man streift einander mit scheuer Wachsamkeit, berührt sich aber nicht. Man weicht den Blicken des anderen aus, denn jeder Blick bedeutet Aufmerksamkeit, und die darf nicht an jeden x-Beliebigen verschwendet werden. Fokussiert sein gilt als Tugend, Unsicherheit dagegen als Grundübel, Sich-Erinnern ebenso und intensives Nachdenken erst recht. All das aber gehört zu dauerhaften und tiefergehenden Beziehungen dazu. Zeiten der Unsicherheit, des Grübelns und des Aneinander-Zweifelns sind oft vonnöten, um die Beziehung zu erneuern und in ein neues Gleichgewicht zu bringen. Für Walter Benjamin stand Grübeln »im Zeichen der Erinnerung«. Er beschrieb den Grübler als jemanden, »der die Lösung des großen Problems schon gehabt, sie sodann aber vergessen hat«. Vielleicht hatte man das Ideal – oder die Funkstille auslösenden Störungen – schon einmal gestreift oder sogar gefunden, jedoch bei all dem Ablenkungszirkus einfach aus dem Blick verloren.

Der Optimierungszwang hat längst die intimsten Bereiche unseres Lebens erfasst. Wir sollen schnell, flexibel und autonom sein – alles Eigenschaften, die beziehungsfeindlich sind. Folgerichtig suchen wir bequeme Beziehungen, die sich möglichst ohne Aufwand betreiben lassen. Echte, zweckfreie Neugier auf den anderen Menschen ist selten geworden.

Man muss sich dem Leben aussetzen, um es verstehen zu lernen. Bei den Dreharbeiten zu einem meiner Filme ging es um das, was im Leben wirklich zählt. Viele Menschen empfinden am Ende ihres Lebens Reue über das, was sie nicht gemacht haben, und nicht über das, was sie gemacht haben.

Sie bedauern, ein Leben geführt zu haben, das eher ein »Als ob« war.

Machen die Zeiten, in denen wir leben, uns unglücklich, weil sie die Menschen voneinander weg treiben?

Ja, sagen Wissenschaftler, vom Ökonomen bis hin zum Philosophen: »Es scheint das Zueinanderhin zu sein, das Menschen mit Sinn erfüllt, das Voneinanderweg ruft Klagen über Sinnlosigkeit hervor. Wenn das als Indiz gelten kann, ergibt sich Sinn daraus, in Beziehung zu sein, sich zu kontaktieren, Handlungen miteinander und aneinander zu vollziehen. Dem Leben Sinn geben, erfordert dann, gegen die moderne Zerstörung von Beziehungen anzuleben, Beziehungen jeder Art zu gründen, zu pflegen und zu bewahren: Ein sinnerfülltes Leben ist ein Leben in Beziehungen«, so der Philosoph Wilhelm Schmid.

Die meisten Menschen pflegen heutzutage eher ein geselliges Vergnügen. Echte, tiefe Begegnungen sind selten, denn dafür müsste man sich schutzlos zeigen, ohne Maske, ohne Verstellung. Das aber kann gefährlich sein.

Man sucht emotionale Selbstbestimmung, aber »wir selbst« zu werden, uns von anderen zu unterscheiden, birgt wiederum die Gefahr, einsam zu sein. Also passt man sich an und verliert dabei das, was einen selbst ausmacht, was man will und braucht. Dies ist die Essenz meiner Gespräche mit Todkranken. Wer immer versucht, seine Umgebung im Auge zu behalten, muss sich dabei zwangsläufig selbst verlieren.

Jeder von uns hat heutzutage alle Freiheiten, heißt es. Aber brauchen wir diese Freiheiten denn wirklich? Und sind wir nicht in gewisser Hinsicht heute unfreier denn je? Menschen brauchen Aufmerksamkeit, sie wollen gehört werden und suchen Zusammenhalt, auch und vor allem in Familien – letztendlich wollen sie geliebt werden und sich geborgen fühlen.

Gleichzeitig aber sollen sie mithalten, etwas leisten. Die Angst vor dem Verlust von Effizienz ist gleichbedeutend mit der Angst, nicht mehr wahrgenommen und anerkannt zu werden. Viele sind getrieben von dieser Angst, nicht zu genügen, im Privaten wie im Berufsalltag. Was wir an Sinn und Wert zum Leben brauchen, geht in dem beständigen Ringen um Aufmerksamkeit unter.

Schon seit längerem fällt mir auf, dass das klare und offene Gespräch zwischen Menschen kaum noch zustande kommt. Es wird nicht gesucht oder es geht im Getöse unter, das uns permanent umgibt. Die Menschen sind im Umgang miteinander brutaler geworden, gleichzeitig aber auch empfindlicher. Das offene Gespräch fordert Aufrichtigkeit, Rückgrat und Charakter und fördert auch mal unangenehme Tatsachen zutage, am Ende auch Entscheidungen. All dem wollen viele Menschen, so scheint es, sich nicht mehr aussetzen. Weil es die Zahl der Optionen begrenzt, die uns offenstehen? Doch wer sich immer alle Möglichkeiten offenhalten möchte, läuft Gefahr, am Ende alle zu verpassen. Es mag reizvoll sein, möglichst viele Optionen zu haben, aber es ist auch wichtig zu wissen, welche eben nicht in Frage kommen. Nicht jede Art von Leben können wir wagen, doch es gibt Wagnisse, für die es sich zu leben lohnt. Dazu gehören vor allem Beziehungen. Diese aber wecken in unserer Zeit ambivalente Gefühle. Man sehnt sie herbei, aber man fürchtet sie auch. Liebe ist das, was wir wollen, aber wir trauen ihr oft nicht. Kein Wunder, dass angesichts dessen Einsamkeit aufkommt. Um sie zu bekämpfen sucht man Nähe. Sofort, bitte. Wenn der andere da nicht mithalten kann und noch etwas mehr Zeit braucht, wird die Beziehung eben abgebrochen.

Der Wunsch nach Kontinuität und Permanenz wird inzwischen eher kritisch beäugt. Schade – denn wäre es nicht eher lohnend, die hergebrachten Werte von Gehorsam, Leistungs-bereitschaft und Anpassung in Frage zu stellen, an denen so viele Menschen sich inzwischen bis zur völligen Erschöpfung abarbeiten? Sie werden viel höher bewertet als etwa das Vermögen zur Empathie. Erstaunlich eigentlich, dass heutzutage ausgerechnet der Egomane als Repräsentant des Modernen daherkommt und ein System der Selbstbezogenheit propagiert, das die westliche Welt überspannt.

Beziehungen werden unter den Kriterien von Ertrag und Rentabilität betrachtet. Sie müssen perfekt sein, weniger ist nicht akzeptabel. Eine Perspektive, die auf Dauer einsam macht. Wer an Beziehungen Ansprüche hat, die er kaum selbst erfüllen kann, wagt oft genug keine Beziehung aus Angst, in seiner eigenen Unzulänglichkeit erkannt zu werden. Es gebe mehr Menschen mit Persönlichkeitsstörungen, als wir glauben, meint Hantel-Quitmann, und vor allem die Borderline-Störungen – gekennzeichnet unter anderem durch instabile Beziehungen, die zwischen Idealisierung und Entwertung des anderen schwanken – nähmen zu. Das verwundert nicht, denn wir Menschen sind nun einmal Gemeinschaftswesen. Niemand kann auf Dauer ohne andere Menschen existieren.

In einer immer komplexer werdenden Welt sehnen die Menschen sich nach Zugehörigkeit. Doch sie tun nichts oder wenig dafür. Die Mechanik der Diskontinuität setzt sich durch. Am Ende steht oft genug ein Leben, das nur noch aus Übergängen besteht: *Lost in Transition*.

Von der Angst, Anker zu werfen

Wandel kann man nur vor dem Hintergrund des Bleibenden verstehen. Doch Dauer und Gleichmäßigkeit genießen derzeit kein besonderes Ansehen. Dauer, das klingt nach Stillstand, Zufriedenheit nach Selbstbeschränkung. Stabile Verhältnisse verhindern Selbstbestimmtheit und Unabhängigkeit, so die weit verbreitete Befürchtung. Das Leben als langer ruhiger Fluss? Lieber nicht. Auf die Höhepunkte kommt es an, und auf der Suche nach immer neuen Gipfelerlebnissen des Lebens gebärden manche Menschen sich wie Sensationsjournalisten auf der Jagd nach dem nächsten Ereignis.

Es gibt immer mehr Menschen, die unaufhörlich in Bewegung sind und nirgends ankommen, weil sie sich in der Folge einer tiefen Verunsicherung nicht trauen, Anker zu werfen. Im überbuchten Alltag der Berufstätigen verweilen die meisten weder lange an einem realen Ort noch an einem geistig-emotionalen. Das Leben zerfällt in kurzfristige Projekte. Wir werden zu Episodenmenschen, immer unterwegs zum nächsten Event. Verbindlichkeit ist mit einem Fragezeichen versehen. Dabei könnte sie uns daran hindern, unseren Weg zu gehen und Chancen wahrzunehmen, die uns die Zukunft vielleicht morgen schon bietet. Unser Leben mag auf diese Weise aufregend wirken, aber hat es auch einen Kern? Oder sind wir, um mit dem Psychoanalytiker Arno Gruen zu sprechen, vom Original, das wir bei unserer Geburt noch waren, zu einer Kopie geworden? Ganzheitliches Lebensglück ist etwas anderes als episodisches Glück, so der Philosoph Tilo Wesche, denn »ein Mensch führt ein gelingendes Leben im Ganzen, wenn es übereinstimmt nicht nur mit einem Teil seiner Lebensziele, sondern mit langfristigen Werten, die insgesamt als wichtig gelten«.

Um den emotionalen Verstrickungen zu entkommen, wagt sich kaum noch einer in Verbindlichkeiten. Man ist »fastzusammen«, um sich leichter trennen zu können, wenn irgendetwas nicht passt. Und viele haben offenbar derart Angst vor Trennungen, dass sie gar nicht mehr zusammenkommen. Doch wenn wir in unserem Leben immer nur eine Episode der anderen folgen lassen, berauben wir uns der Freiheit, uns für eine Beziehung zu entscheiden, warnt der Lebenskunstphilosoph Wilhelm Schmid. Sicher: Dauerhafte Beziehungen kosten Zeit, und sie werfen auch nicht beständig Gewinn ab. Sie gehorchen nicht der wirtschaftlichen Logik von Profit und Verlust, sondern der des Gebens. Logik des Gebens – das klingt nach Rückschritt, nach Verzicht. Doch Schmid kommt, ebenso wie die Mehrheit der Wissenschaftler gleich welcher Forschungsrichtung, zu dem Schluss, dass das Glück in erfüllenden Beziehungen zu finden sei und das »Glück der Fülle« gute wie schlechte Zeiten beinhalte. Er rät dazu, den Mut aufzubringen, irgendwann im Leben Anker zu werfen. »Eine Bindung einzugehen ist positive Freiheit, die Freiheit zu dieser Festlegung. Indem ich mich für eine ganz bestimmte Bindung entscheide, gebe ich der Freiheit, die an sich unbestimmt ist, erst eine Form und meinem Leben einen Sinn. Sinn ist dort, wo Zusammenhang ist.«

Nähe macht Sinn! Und Sinn, so Schmid, sei die Erfahrung von Lebensglück. Auch auf den einzelnen Moment bezogen sei die Erfahrung von Sinn für das Glück konstitutiv. Eine Lebenssituation, in der die Euphorie des Augenblicks empfunden werde, erhalte dadurch, dass sie Teil eines Sinnzusammenhangs wird, eine gesteigerte Intensität. Doch wir misstrauen dem Augenblick. Zu flüchtig scheint er uns, zu wenig garantiert. Sicherer, als sich auf irgendwelche Augenblicke zu verlassen, die vielleicht eintreten werden, vielleicht aber auch nicht, scheint es zu sein, emotionale Statusmeldungen auszutauschen. Gepostet wird an alle. Das ist effektiver als das persönliche Gespräch, dient der Selbstvermarktung und erspart die aufwendige Zuwendung zu Einzelnen.

Hat vielleicht der südkoreanische Philosoph Byung-Chul Han Recht, wenn er die *Agonie des Eros* konstatiert, weil wir alle zu großen, aufgeblasenen Ich-Playern angeschwollen sind, in deren Blase kein Du Platz findet? »Die Liebe muss vor allem gesund und kompatibel sein, eine folgenlose Emotion und Erregung«, kritisiert Han. Doch seien es nicht die Optionen, die die Liebe zerstören würden, sondern es sei das Verschwinden des anderen.

Wo also den Anker werfen? Wir alle stehen unter dem Druck, uns selbst möglichst gut zu vermarkten und sind so immer weniger verfügbar für andere Menschen. Byung-Chul Han spricht von einer »Erosion des Anderen«, die weitgehend unbemerkt voranschreitet, derzeit in allen Lebensbereichen stattfindet und mit zunehmender Narzissifizierung des Selbst einhergeht. Dass der andere verschwindet, ist eigentlich ein dramatischer Prozess, der aber fatalerweise, von vielen unbemerkt, voranschreitet. Das Verschwinden des anderen: ein Kollateralschaden. Unsere Gesellschaft werde zunehmend narzisstischer.

Doch ist, wer nur noch an der Optimierung seiner selbst arbeitet und sich ansonsten auf nichts festlegt, wirklich frei? Schon 1941 konstatierte Erich Fromm in *Die Furcht vor der Freiheit*: »Was also bedeutet Freiheit für den heutigen Menschen? Er hat sich von äußeren Fesseln befreit, die ihn daran hindern könnten, das zu tun und zu denken, was er für richtig hält. Er möchte die Freiheit haben, nach seinem eigenen Willen zu handeln, wenn er wüsste, was er will, denkt und fühlt. Aber eben das weiß er nicht.«

Wilhelm Schmid vermutet, dass heutzutage viele Menschen auch deswegen so unglücklich sind, weil sie sehen, dass es im Leben viel mehr Möglichkeiten gibt, als sie jemals praktisch umsetzen können. Sich festzulegen vergrößert diese Angst. Wer sich festlegt, macht sich abhängig. Doch wäre es nicht entscheidend, dass wir unterscheiden lernen zwischen Abhängigkeiten, die uns Freiheit ermöglichen und solchen, die uns gefährlich einengen?

Mit unseren Abhängigkeiten von anderen Menschen müssen wir umzugehen bereit sein, wenn wir dem Leben zugewandt bleiben wollen. »Riskieren wir das nicht, bleiben wir isolierte Einzelwesen ohne Bindung, ohne Zugehörigkeit zu etwas über uns Hinausreichendem, letztlich ohne Geborgenheit, und werden so weder uns selbst noch die Welt kennenlernen«, erklärte der Tiefenpsychologe Fritz Riemann. Er nannte diesen Konflikt die »Zumutung unseres Lebens«. Wer sich dieser nicht stellt, wird das Leben in seiner Vielfalt nicht erleben und im Muster der Beziehungsabbrüche verharren.

Vom Fluch der Selbstbestimmung und der Furcht, sich nicht nur virtuell einzulassen

Heutzutage muss man Erfahrungen nicht mehr selbst machen. Das Internet bietet die Möglichkeit, mit anderen in Kontakt zu treten, ohne sich zu berühren. Und wird ein Anspruch nicht erfüllt, wird einfach weitergeklickt. Beziehungen werden auf diese Art austauschbar, vor allem aber berechenbarer. Damit lässt sich auch der Boom der Dating-Portale erklären. Der »Online-Dater« sucht sich seinen künftigen Partner nach den Kriterien des Marktes aus. Die Liebe wird zu einem Geschäft, das sich rechnen muss, denn man hat ja investiert – wohlgemerkt Geld, nicht unbedingt Gefühle.

»In eine Beziehung investieren« ist eine häufig verwandte Redewendung. Eine Beziehung – und damit sind auch freundschaftliche und familiäre Bindungen gemeint – ist aber keine Investition, die im schlimmsten Fall nur »Ressourcen« verbraucht und keinen Ertrag abwirft. Wer so denkt, wird mutmaßlich niemals echte Beziehungen erleben. Das virtuelle Flirten – ohne Angst vor der Fremdberührung – spart auf jeden Fall Energie, Zeit und Geld. Die Haltbarkeit sozialer Lebensformen wird vorab überprüft, das Verfallsdatum ist in dieser Verwertungslogik einkalkuliert. Doch die Realität ist nicht reversibel. Nicht allzu schlimm! Denn es gibt ja auf dem Zwei-Milliarden-Dollar-Marktplatz der Dating-Plattformen eine vermeintlich unendliche Verfügbarkeit von potentiellen Partnern. Und weil alles passieren kann, wirkt nichts.

Virtuelle Nähe muss jedoch nicht zwangsläufig trügerisch sein, sie kann für manche Menschen die Hemmschwelle senken, die sie überwinden müssen, um sich in Kontakte mit anderen hineinzuwagen. Die virtuelle Annäherung bietet Schutz. Was sie aber auch bietet, ist die Möglichkeit, sich hinter einer Maske zu verstecken. Paradoxerweise, so Wolfgang Hantel-Quitmann, können manche Menschen gerade dadurch bei einem virtuellen Flirt sehr große mentale Nähe zulassen. »Die Anonymität schützt beide Partner im Internet so gut, dass sie sich gegenseitig öffnen, ja, sogar intim werden können, ohne die geringste Angst vor Verlust, Versagen oder einfacher Blamage. Sie können sich in Rollen ausprobieren und dabei Wünsche, Sehnsüchte, Phantasien, Hoffnungen, Ängste oder auch Probleme mitteilen und damit einen Grad an Initimität erreichen, der für sie in der Realität nur nach Jahren, Umwegen, Mühen und Enttäuschungen erreichbar scheint.« Doch kann man in diesem Zusammenhang noch von einer Begegnung sprechen?

Sicher, das könne man, so Hantel-Quitmann, aber man habe es eben mit der Begegnung zweier geschönter Selbstbilder zu tun. Die große Frage ist dann also, ob das Wunschbild auch außerhalb der glatten Oberflächen der digitalen Welt der Realität standhält, ob sich Menschen tatsächlich begegnen können oder ob es nur ihre Schatten sind, die ihre Vorstellungen werfen. Somit wäre das Virtuelle zwar nicht die Realität, aber es gibt Aufschluss darüber, was real sein könnte.

Viele Menschen zeigen bei Facebook, wie und mit wem sie feiern, wo sie ihren Urlaub verbringen und dass sie geheiratet haben. Die Grundbotschaft an die virtuelle Ersatzwelt lautet: Schaut her, ich bin nicht allein. Aber sind Menschen, die den »Like«-Button drücken, wirklich interesssiert? Ein Leser, der seine Internet-Freunde abgeschafft hat, fragt: »Ist es denn schon eine Freundschaft, wenn man miteinander in einer Community oder einem anderen Social Network schreibt? Für einige scheint das auszureichen, um den Begriff Freundschaft zu wählen. Wer so oberflächlich mit dem Wort Freundschaft umgeht, wird voller Stolz auf einen großen Freundeskreis blicken und sich darin sonnen, dass er so beliebt ist. Jedem eben das Seine. Je mehr gute Bekannte als Freunde bezeichnet werden, umso schneller kommt man in eine Situation, sich entscheiden zu müssen, ob all diese Freundschaften so gepflegt werden können, um jedem Einzelnen gerecht zu werden.« Und er konstatiert: »Im Grunde will niemand mehr jemanden persönlich ansprechen, telefonieren, Briefe schreiben oder Besuche abstatten.

Die Geschäftigkeit in Beziehungen ist natürlich auch außerhalb des Internets zu beobachten, vor allem bei Menschen, die sich in einer Blase bewegen, in der ihre Show Standard und Casual Sex Teil der Spielregeln ist. Käme einer von außen, berge das die Gefahr der Entlarvung der totalen Substanzlosigkeit dieser Notgemeinschaft. Also bleibt man unter sich. Episodenmenschen treibt oft ein fast schon zwanghafter Selbstoptimierungswahn. Gefühle werden aus Effizienzgründen abtrainiert, das Leben als Paar straff verwaltet und durchorgansiert. Empathie trifft auf Effizienz. Das so bezaubernd Absichtslose hat sich erschöpft, das Ökonomische längst Einzug in Herzenssachen gehalten. Viele denken, dass das Geben bedeutet, auf etwas zu verzichten. Doch nicht tauschen, sondern geben, jenseits der Logik von Verlust und Profit – das würde eine gute Beziehung ausmachen. Getrieben vom Wahn der Effektivität und von der Angst vor der Endlichkeit, verpassen wir das Leben.

Im Wahn der Effektivität wird auch der Abgleich mit anderen Meinungen und Optionen ausgespart, übrig bleiben kontrollwütige Machtmenschen, seelenlose Gesellen, die konsequent rational nur ihr eigenes materielles Wohlergehen im Auge haben. »Mein Haus, mein Auto, mein Boot«, eine Sparkassenwerbung aus den Neunzigern. Jeder verstand damals, dass das Geprotze peinlich war. Heute besteht die Gefahr, dass kaum einer merkt, wie beschämend und kläglich dieser Spruch in Wirklichkeit ist.

»Man spürt die Masken«, so Wolfgang Hantel-Quitmann, »hinter denen diese modernen Menschen ihre wirklichen Gefühle verbergen: Anstelle der Fröhlichkeit empfinden sie eigentlich eine Tristesse; mit ihrer Hyperaktivität verhindern sie, ihre innere Leere fühlen zu müssen; hinter ihrer ausgeprägten Geselligkeit versteckt sich ihre Teilnahmslosigkeit, Gleichgültigkeit und ihr Wunsch nach sozialem Rückzug; und ihr positives Denken soll das Grübeln und die Niedergeschlagenheit verdecken oder zumindest die Trauer erträglicher machen.« Die Maske also schützt nicht nur vor dem Blick der anderen, sondern auch davor, allzu tief in sich selbst hineinzuschauen. Dient es dem Leben, sich so vor anderen und sich selbst zu verbergen? Von Søren Kierkegaard stammt der Satz: »Wer sich aber nicht offenbaren kann, der kann nicht lieben, und wer nicht lieben kann, ist der ›unglücklichste‹ von allen.«

Der Preis der Nähe

In allen menschlichen Beziehungen spielt die Fähigkeit zur Selbstoffenbarung eine wichtige Rolle. Nähe, Liebe, Intimität haben etwas zu tun mit Sich-fallen-Lassen, die Maske abnehmen. In den vorhergegangenen Abschnitten war die Rede davon, warum das heute so schwierig erscheint. Gleichzeitig flacht die Sehnsucht nach Liebe und Beziehungen nicht ab. Doch wir tendieren dazu, diesen Wunsch zu überfrachten. Wir stellen Ansprüche an das Glück, die nicht zu verwirklichen sind. Menschen, die ewig suchen und nie ankommen, bleiben in ihrem Kosmos gefangen und werden am Ende weniger glücklich sein als die, die sich trauen, sich festzulegen. Doch die nagende Furcht, dass jemand anderes glücklicher sein könnte, macht schließlich erst recht unglücklich.

Wilhelm Schmid weist darauf hin, dass die Verknüpfung von Glück und Liebe einen inneren Widerspruch birgt: »Das Glück? In der Liebe? Gibt es einen Bereich des menschlichen Lebens, der regelmäßiger unglücklich macht, fast unabhängig davon, was unter Liebe verstanden wird?«

Der Kurzschluss, so Schmid, bestehe darin, das Unglück vermeiden zu wollen und zu hoffen, dass das Glück ewig währe. »Momente und Zeiten des Glücks sind sinnvoll, um sich vom Unglücklichsein zu erholen, aber es ist unsinnig, sie auf Dauer haben zu wollen, denn ewig fortdauern können sie nicht. Umso misslicher, dass sich viele genau das vom Glück erhoffen: dauerhaftes Wohlergehen, immerzu Freude, gute Laune und viel Spaß. Aber das Glück in einer Art von Dauerlust zu suchen, ist der sicherste Weg, unglücklich zu werden.«

Der Wunsch, dauerhaft glücklich zu sein oder zumindest so zu erscheinen, gebietet im Zeitalter der (Selbst-)Optimierung, dass Gefühle wie Trauer oder Kummer nicht mehr gezeigt oder gesehen werden. Trauer ist unzeitgemäß. Man verdrängt, ignoriert und übersieht sie – weil man sie fürchtet. Doch das Leiden lässt sich nicht mit Medikamenten oder Wellness aus der Welt schaffen. Gefühle der Trauer verstören, weil sie hilflos machen, weil es kein Rezept dagegen gibt. Selbst die durchorganisiertesten Managertypen kann eine Funkstille aus der Bahn werfen. Die Erfahrungen der IT-Unternehmerin Dora nach dem Kontaktabbruch durch ihre beste Freundin Sandra sind ein Beispiel dafür. »Wir haben verlernt, solche Krisen auszuhalten. Sie gelten als Unterbrechung des Lebens, als etwas Falsches, nicht als Teil des Lebens«, meint die Entwicklungspsychologin Kathrin Boerner von der Mount Sinai School of Medicine in New York. Trauer erscheint unzeitgemäß. Dass das Verdrängen von Trauer aber noch unglücklicher macht, übersehen viele Menschen. Philosophen wie etwa Wilhelm Schmid versuchen, deutlich zu machen, dass zum »Glück der Fülle« beides gehört: Freude und Trauer. Trauern muss ins Leben integriert werden, denn sie gehört ebenso wie die Freude zu einem erfüllten Leben.

Die Trauer hat ihren eigenen seelischen Rhythmus, der heilsam sein kann. Die Sterbeforscherin Elisabeth Kübler-Ross hat die Trauerphasen bei Sterbenden erforscht. Ihre Erkenntnisse wurden übertragen auf die Trauer im Allgemeinen. So gibt es eine Zeit, in der man den Tod oder den Verlust des Betrauerten leugnet; danach wird die Realität wahrgenommen, brechen die Emotionen durch; Wut und Verzweiflung wechseln sich permanent ab; schließlich wird die Realität akzeptiert, um loslassen zu können. Viele Verlassene erleben diese Phasen, auch Abbrecher, doch ihre Trauer verläuft nicht linear. Häufig brechen Emotionen und Wut auch nach Jahrzehnten wieder durch. Die gesellschaftliche Akzeptanz einer langanhaltenden Trauer ist gering. Doch es gibt nicht *den* richtigen Umgang mit Verlust! Dass Trauer meist wellenförmig verläuft, ist inzwischen durch die Forschung gut belegt. Die meisten Menschen erleben die Trauer als ein Pendeln zwischen Kummer, Sehnsucht und Leere einerseits, Verdrängung, Ablenkung und Aktionismus andererseits. Trauer sollte nicht verdrängt werden. Sie braucht Zeit, und sie erfordert Mut vor allem in einer Zeit, in der man sich nicht die Zeit zum Trauern nehmen will – aus Angst, aus Oberflächlichkeit oder aus der falschen Vorstellung heraus, dass das Leben nur glücklich macht, wenn man nach vorne schaut.

Kontrollillusion und Machtstreben

Neben der Angst vor sogenannten »negativen Gefühlen« steht dem Glück der Nähe noch etwas anderes im Wege: unsere Sehnsucht nach Planbarkeit und Berechenbarkeit. Wir planen unsere Erfolge, stellen Listen von Zielen auf, ziehen auf der Landkarte des Lebens die rote Linie, der wir folgen wollen. Auch dahinter steckt der aus der Ökonomie stammende Wunsch nach Selbstoptimierung: Projekt »Ich«.

Doch was haben wir davon, wenn wir allein unseres Weges gehen, ohne groß nach rechts und links zu schauen? Könnten wir nicht auf den Umwegen unseres Lebens genau auf das stoßen, was wirklich interessant ist? Müssen wir vielleicht sogar manchmal vom geplanten Weg abkommen, um das Glück zu finden?

Oft genug ist es der Zufall, der unser Leben mehr bereichert als alles andere. Der unerwartete Auftrag, der Lotteriegewinn, die ungeplante Begegnung sind deshalb so wertvoll, weil sie eben nicht erzwungen sind. Sie geschehen ohne Anstrengung. Sie stehen nicht auf der Aufgabenliste, an der so viele von uns sich abarbeiten. Und sind gerade deshalb, wie sämtliche Glücksforscher bestätigen, der wahre Lebensgewinn.

Wer die Begegnung mit anderen Menschen nur unter dem Gesichtspunkt betrachtet, was diese »zu bieten« haben, wird das Glück nicht finden. Wer auf dem Weg zum Erfolg andere Menschen nur als Ressource betrachtet, die es möglichst effektiv auszuschöpfen gilt, wird seine Fähigkeit zur Empathie verlieren. Wer ohne Empathie die Reaktionen anderer nur noch zu berechnen und zu kontrollieren versucht, wird immer einsamer werden. Er wird Macht gewinnen und das Glück verlieren. Paradoxerweise muss der egomane Arbeitsnomade damit leben, dass er kein Interesse am Leben des anderen hat, aber er möchte, dass dieser sich für ihn interessiert. Deshalb muss er nach Machtpositionen und damit Kontrolle streben, weil sein Umfeld im Grunde genommen nicht an ihm interessiert ist. Das Tragische ist, dass nur der Teil von ihm akzeptiert, jedoch nicht gemocht wird, der nicht der wahre Teil ist. Das macht wütend, denn jede Persönlichkeit ist eine Sammlung unterschiedlicher Identitäten. Es gibt kein einziges, einheitliches Selbst.

Ein in seiner Persönlichkeit gestörter Mensch in einer hohen Machtposition ist vor allem deshalb so fatal, weil er sich in einer Mischung aus Wut, Angst und Selbstüberschätzung nicht mit anderen austauscht. Die Möglichkeiten hat er auf dem Weg nach oben zerstört. Es gibt niemanden, mit dem er seine Ideen abgleichen könnte. Und leider ist die Macht eine ziemlich unsichere Angelegenheit. Sie muss immer wieder erneuert und gesichert werden, indem man sich jeden vom Halse schafft, der zu hellsichtig ist und damit die eigene Unfähigkeit entlarven könnte.

Am Ausmaß der Kontrolle, die ein Mensch in seinem Leben braucht, kann man das Ausmaß seiner Angst ablesen: Angst vor dem Unerwarteten, das vielleicht nicht zu managen ist, das uns überfordern und uns aus der Bahn werfen könnte. Doch Kontrolle lähmt.

Der amerikanische Sozialpsychologe Todd Kashdan spricht von »emotionalen Bremsen«, und er mahnt: »Wenn wir warten, bis sich alle negativen Emotionen, alle Befürchtungen und Ängste gelegt haben, werden wir niemals etwas wagen. Wir werden nie hundertprozentige Sicherheit für bestimmte Entscheidungen erreichen können.«

Der Druck, eine optimale Entscheidung treffen zu müssen, macht unglücklich und blockiert die gesunde, klare Reaktion, die einfach nur passiert, weil der innere Kompass weiß, was richtig ist. Man kann sich ein Leben lang damit beschäftigen herauszufinden, was als Folge nicht wahrgenommener Optionen hätte passieren können. Doch man kann sie eben nicht alle wahrnehmen, und irgendwann ist eine Entscheidung fällig, für die man, ob richtig oder falsch, ob Entgleisung oder nicht, die Verantwortung trägt.

Das Problem: Das Optimale stets im Blick, fühlen wir uns unzureichend – und auch die anderen scheinen nicht perfekt. Wir denken viel und tun dadurch nichts – sind tragische Maximierer. Doch man muss sich aus der Deckung wagen, wenn man das Leben nicht aus der Ferne beobachten will.

Ein probates Ziel, Sicherheit zu gewinnen, scheint es, sei Geld zu verdienen. Doch dies ist ein Zweck, aber kein Wert an sich. Ein Wert sagt etwas über die Qualität des Lebens aus. Auch Menschen, die primär darauf bedacht sind, den eigenen Erfolg zu maximieren, spüren zumindest gelegentlich, dass sich das Leben nicht durchgängig nach ökonomischen Prinzipien gestalten und beherrschen lässt.

Die Psychologie beschäftigt sich schon lange mit Kontrollillusionen, also mit subjektiven Vermutungen über Zusammenhänge, die unser Leben beeinflussen und prägen. Oft haben diese Vermutungen jedoch nichts mit der Realität zu tun. Menschen mit einem besonders ausgeprägten Bedürfnis nach Macht und Kontrolle neigen dazu, Erfolge der eigenen Tüchtigkeit zuzuschreiben, Misserfolge hingegen als Folge der Fehler anderer Menschen anzusehen. Auf diese Weise gehen sie Gefühlen eigener Unzulänglichkeit, Machtlosigkeit, Unzufriedenheit aus dem Weg. Genau diese Gefühle brauchen wir jedoch, um innerlich zu wachsen und reifer zu werden. Konflikten aus dem Weg zu gehen und unbefriedigend erscheinende Beziehungen einfach abzubrechen bringt uns nicht weiter. Wir mögen uns für freie Menschen halten, wenn wir so handeln, doch für den vermeintlichen Freiheitsgewinn zahlen wir einen Preis: den Verlust von Lebenssinn. »Eigenartigerweise geht der Gewinn von Freiheit mit einem Verlust von Sinn einher. (…) Sinnlos frei beginnen Menschen nach neuem Sinn zu suchen«, konstatiert Wilhelm Schmid. Den Episodenmenschen und zwanghaften Optimierer zieht es eher in die anonymen Großstädte. In der Fremde kann er es wagen, auch ohne Masken das Haus zu verlassen, während er in der Heimat am liebsten die Tarnkappe aufsetzen würde. Dies ist eine Form von Abwehr, die das Leben ausschließt.

Das Leben und der Sinn lassen sich nicht planen oder aus

den richtigen Zutaten »herstellen«. Sie entwickeln sich im nicht immer einfachen und schmerzfreien Bezogensein auf andere Menschen, in dem, was sich für uns als wesentlich herauskristallisiert – langsam, oft unter der Hand und meist unkontrolliert. Vielfach erkennen wir erst im Rückblick, was in unserem Leben »Sinn macht«. Wer dem Unkontrollierbaren, Unangenehmen, Schmerzhaften aus dem Weg zu gehen versucht, investiert seine Lebenskraft in Abwehrmaßnahmen. »Gefühle«, so Wolfgang Schmidbauer, »kann man nicht durch Vernunft bezwingen, sondern nur durch andere Gefühle – vor allem durch Angst.« Angst vor Beschämung; Angst, abgelehnt zu werden, Angst zu scheitern: Jeder Mensch kennt sie. Wer diese Ängste nicht zulässt, kann sich auch nicht einlassen: ein guter Nährboden für die Funkstille.

Die Performance, die man Leben nennt

Oft scheitern Leben nicht, weil sie zu früh enden, sondern weil sie niemals richtig begonnen haben. Wo viele Menschen vor allem damit beschäftigt sind, sich selbst optimal zu vermarkten, also sich gewissermaßen zum unwiderstehlichen Produkt zu machen, wird das Leben zum Nebenschauplatz. Wie viel Identität gibt es noch hinter den Masken der Selbstdarsteller? Und wann brechen diese fragilen Identitäten zusammen?

Natürlich spielt jeder von uns seine Rolle, und jeder versucht, dies so gut wie möglich zu tun. Schwierig wird es, wenn diese Rolle dauerhaft darin besteht, mehr zu scheinen, als man ist. Man wäre gern anders – besser, strahlender. Man versucht dem Gewöhnlichen, Alltäglichen zu entkommen. Doch nichts ist gewöhnlicher als die Versuchung, dem Gewöhnlichen entkommen zu wollen! Denn irgendwann führt man auf diese Weise nur noch ein Quasi-Leben. Die Sehnsucht danach, erkannt und gemocht zu werden als der, der man ist, verschwindet meist nicht ganz, doch unmaskiert aufzutreten traut der Selbstdarsteller sich nicht zu.

Also muss er sich aufwerten, bringt Geld und Luxus ins Spiel. »Luxus ist der Versuch, das Glück auf einem anspruchsvollen Niveau zu befestigen und sich gegen alle Wechselfälle des Lebens hinter dicken Mauern, unter hohen Zinnen in einer Burg zu verschanzen«, so Wilhelm Schmid. Ist dieses anspruchsvolle Niveau erreicht, wird es hartnäckig verteidigt, auch wenn es nicht glücklicher macht. »Günstige und angenehme Lebensumstände befördern das Glück, solange sie erstrebt werden und noch eine Weile darüber hinaus. Dann aber verpufft die Spannung des Lebens, die auf dieses Ziel ausgerichtet war. Der Betroffene weiß gar nicht, wie ihm geschieht, er hat doch alles erreicht: Mein Job, meine Familie, mein Auto, mein Haus. Eben deswegen. Was soll jetzt noch kommen?«

Wolfgang Schmidbauer stellt gar Geld und Leistung den Drogen gleich. Alle drei dienten dazu, die Angst zu vertreiben. Ein unzuverlässiges Fundament für das Glück. »Ihnen gegenüber wirkt eine von Einfühlung und Austausch mit anderen geformte Stütze zunächst unsicher, ist aber auf lange Sicht erheblich stabiler, genau wie ein wachsender Baum fester wurzelt als ein in die Erde geschlagener Pfosten«, so der Psychoanalytiker. »Wer (etwa durch Ruhm oder Reichtum, *Anm. d. A.*) mehr Aufmerksamkeit auf sich ziehen kann als andere, fühlt sich geschützt von Ängsten, verlassen zu werden. Wer sich in gleichberechtigten (…) Beziehungen engagiert, setzt sich jedes Mal damit auseinander, dass er nur die Hälfte des Geschehens im Griff hat. Das ist ebenso heilsam wie bereichernd. Er sieht, dass er im Geben auch etwas bekommt.

Er lernt, Angst zu ertragen und Verwöhnung zu widerstehen, die darin wurzelt, dass er der Mächtigere ist. Er übt, Brücken zu bauen, bei denen er nur die Hälfte fundamentiert«, erklärt Schmidbauer.

Das allerdings setzt Vertrauen in andere voraus, und dies scheint für die Selbstdarsteller der kritische Punkt zu sein. Wer sich nur sicher fühlen kann, wenn er Beziehungen dominiert und nach seinen Wünschen formt, wird Geld und Macht als eine Art Lebensversicherung betrachten. Keine gute Voraussetzung für dauerhafte Beziehungen. Denn was geschieht, wenn der machtbewusste Lebensoptimierer bemerkt, dass er andere Menschen immer nur ein Stück weit kontrollieren kann? Und vor allem: Wenn ich alles kontrolliere und alles über den anderen weiß, vertraue ich auch nicht mehr, denn Vertrauen setzt ja ein Nicht-Wissen voraus!

Zu Beginn dieses Kapitels wurde die Frage gestellt, ob wir in einem Zeitalter der Abbrüche leben. Zugegeben: Die Formulierung mag zugespitzt erscheinen. Doch in der Tat scheinen die Ängste, die in unserer Zeit die beherrschenden sind, die Funkstille zu begünstigen. Wir alle werden an einem Menschenbild gemessen, das Autonomie und Selbstbestimmung in den Mittelpunkt stellt. Da scheint es nicht weiter verwunderlich, dass so viele Menschen sich davor fürchten, sich dauerhaft auf jemanden oder etwas einzulassen, Nähe zuzulassen, sich anderen ungeschützt zu zeigen und Beziehungen die Zeit zu geben, die sie brauchen, um sich zu entwickeln. Zu groß erscheint das Risiko eines Fehlgriffs: Was, wenn man sich von den falschen Menschen abhängig macht? Dann schon lieber beziehungslos autonom sein, Herr oder Herrin des eigenen Lebens. Funkstille.

Siebtes Kapitel

Die Funkstille: kein Abbruch aus heiterem Himmel

Weggehen als logische Konsequenz

Nach einem Kontaktabbruch scheint im Rückblick das Ende der Beziehung oft vorherbestimmt, so als habe eine innere Bewegung auf den Bruch hingeführt. Selbstverständlich ist wegzugehen manchmal die einzige Möglichkeit, sich aus einer heillos belasteten Beziehung zu lösen. Das Ende einer Paarbeziehung oder einer engen Freundschaft ist nur folgerichtig, wenn die Verletzungen und das Trennende zu groß sind oder man sich einfach auseinanderentwickelt hat. Der Bruch mit der Vergangenheit kann in solchen Fällen befreiend sein.

Es lohnt sich immer zu schauen, was vor dem Bruch passierte. Viele von einer abrupten Trennung Betroffene warten auf eine Entschuldigung, doch die hätte meist vor dem Schritt der Trennung ausgesprochen werden müssen. »Die Unfähigkeit, sich zu entschuldigen, ist häufig der Grund, dass aus der Krise eine Trennung wird«, so Wolfgang Hantel-Quitmann. Auf Dauer braucht Beziehung Aussprache, wenn sie gelingen soll, nicht Schweigen. Die Funkstille, so hilfreich sie dem Abbrecher auch erst einmal erscheinen mag, ist kein gutes Mittel, mit einem Menschen endgültig abzuschließen, denn ohne wirkliche Auseinandersetzung, ohne ein klärendes Gespräch, bleiben beide Parteien in belastender Weise miteinander verbunden.

Die vielen Zuschriften nach dem *Funkstille*-Buch zeigen, dass der Abbruch kein Blitz aus heiterem Himmel ist und die Funkstille oft nur die logisch erscheinende Konsequenz dessen, was sich zuvor ereignet hat. Leider erschließt sich die innere Logik des Geschehens jedoch oft nur dem Abbrecher.

Wie es scheint, gibt es keine eindeutige Antwort auf die Frage »Reden oder schweigen?«. Manchmal sind der Worte zu viele, manchmal aber auch zu wenige, und nicht immer sind es die richtigen. Herrscht dann ein Mangel an Kommunikation oder an Schweigen? Brach der Abbrecher den Kontakt ab, weil er nicht die angemessenen Worte fand, weil er nicht verstanden wurde oder weil er schlicht zu feige war, sich zu äußern?

Auf unserer Buch-Webseite *www.funkstille-buch.de* herrscht kein Mangel an Kommentaren, und auch diejenigen, die mir bis heute direkt schreiben, finden immer wieder nachdenkliche Worte, um ihre Wahrnehmung und ihre Gefühle zu beschreiben. Das Bedürfnis der Abbrecher, sich zu erklären, ist groß, »denn endlich hört einer zu«, schrieb einer von ihnen, der lange um den Kontakt gekämpft hat und sich schließlich enttäuscht zurückzog.

»Mein Rückzug bedeutet nicht Feigheit oder Machtdemonstration, sondern Schutz«, schreibt ein anderer Abbrecher. »Wenn Gespräche nicht möglich sind, muss man eben handeln. Mit schroffen, rechthaberischen Familienmitgliedern lässt sich beim bestem Willen nicht diskutieren, was Menschen aus intakten Familienverhältnissen leider oft nicht nachvollziehen können«, so eine Leserin.

Viele Abbrecher schreiben, dass sie durch den Kontaktabbruch inneren Frieden gefunden hätten, dass eine Schwere aus ihrem Leben gewichen sei und dass sie ohne Manipulation,

Überwachung, Kontrolle besser lebten, auch wenn der Verlust sie schmerze.

»Aus meiner Sicht verursacht der Anspruch, dass Familienbande ein ganzes Leben lang halten müssen, eine Menge unnötiges Leid, weil das eben auch bedeutet, dass, wenn Trennungen passieren, sich eine oder mehrere Personen massiv falsch verhalten haben müssen (denn sonst würde so etwas ›Unnatürliches‹ ja nicht passieren) – was dann bei fast allen Beteiligten zu heftigen Schuldgefühlen führt. Wäre es nicht menschlicher, einfach mal anzunehmen, dass Lebenswege sich auseinander entwickeln können, auch bei Blutsverwandten?«, fragt eine Leserin.

Ist jede Wahrheit besser als Schweigen?

»Jede Wahrheit ist besser als Schweigen«, finden fast alle Verlassenen. Doch ist das tatsächlich so?

»Nein!«, widerspricht Wolfgang Hantel-Quitmann, »denn es könnte eine grausame Wahrheit sein. Es gibt viele ungeliebte und ungewollte Kinder. Oder: Viele Frauen müssen zwischen Liebe und Kind entscheiden. Oft entscheiden sie sich für das Kind mit einem Mann, den sie nicht lieben. In solchen Fällen sollte man sich gut überlegen, ob die Wahrheit tatsächlich besser ist als Schweigen.«

Ich frage Hugo Grünwald: »Welche schmerzliche Wahrheit wäre verletzender als der reine Akt des Schweigens?« – »Zum Beispiel: Der reine Akt des Tötens«, so der Psychologe. Schließlich frage ich Anja: »Was, wenn die Wahrheit wäre: Du bist ein ungeliebtes Kind. Es lohnt sich nicht, um dich zu kämpfen!« Für einen Pulsschlag länger als sonst schweigt Anja. »Ja, das wäre schlimm«, gesteht sie.

»Das Thema Funkstille liegt an der Nahtstelle von allen möglichen Pathologien«, merkt Wolfgang Hantel-Quitmann am Ende eines langen Gesprächs an. Dass es ungeliebte Kinder gebe, habe dramatische Folgen. Als Erwachsene leiden diese Kinder häufig unter Angst vor Nähe; die Gefahr weiterer Abbrüche ist damit groß. »Menschen, die als Kinder schwerste Verletzungen und Kontaktabbrüche erlebt haben, reinszenieren diese häufig, um sie bewältigen zu können. Sie brechen ab, um zu sehen, ob sie es diesmal in den Griff kriegen. Die Regel ist, dass es schiefgeht. Die Betroffenen gehen von einem Scheitern zum nächsten. Das ist allein nicht zu schaffen.«

Man müsste doch in jedem Fall ansprechen, was man fühlt, nicht, was man für richtig hält, geht mir durch den Kopf. Auch denke ich, dass man grundsätzlich mit der Wahrheit besser zurechtkommt als mit irgendwelchen Eventualitäten oder Lebenslügen. Die Phantasie ist meist schlimmer als die Realität. Das erwachsene Kind, dem man sagt, dass es ungeliebt war oder ist, könnte dann doch zumindest das Gefühl, das es angesichts liebloser Eltern hat, besser verstehen. Die Bestätigung, so hart sie ist, würde helfen, der eigenen Wahrnehmung zu trauen. Anja etwa war erleichtert, als sie erfuhr, dass ihr Stiefvater nicht ihr leiblicher Vater ist. Sie hatte diese Fremdheit immer gespürt. Es ist für ihre Identität wichtig, zu wissen, dass sie adoptiert wurde. Das Gefühl der Heimatlosigkeit in der eigenen Familie macht nun Sinn. »Sinn verleiht Kräfte, Sinnlosigkeit entzieht sie. Wenn Menschen Sinn sehen, können sie sehr vieles durchstehen und bewältigen, ohne Sinn kaum etwas«, sagt der Philosoph Wilhelm Schmid. Und er hat recht. Anja kommt mit der Wahrheit sehr viel besser klar als mit den Lügen, mit denen sie während ihrer Kindheit bis hin zur Pubertät konfrontiert war. Erst dann erfuhr sie, dass sie das Kind eines anderen Vaters ist. Im Nachhinein machte fortan vieles Sinn. Mit der Wahrheit bekam sie die Kontrolle über ihr eigenes Leben zurück.

Die Sprache ermöglicht, genau zu sagen, was Einfühlung nur ahnt. Und wer weder Einfühlung noch Sprache zulässt, verhindert ein Verstehen. Wolfgang Hantel-Quitmann hält dagegen, dass die Wahrheit zerstörerisch sein kann. Das gelte vor allem für die Verlassenen: »Das Dilemma der Verlassenen ist, dass sie sich im Nachhinein einen Reim darauf machen müssen. Es ist ja nicht eine Suche nach Wahrheit, sondern es sind eher Bewältigungsversuche. Wie absurd sie auch sind, Hauptsache, sie wirken. Wenn man dieses Gebäude der Bewältigungsstrategien ins Wanken bringt, dann kann es wirklich sein, dass die Verlassenen abstürzen, dann können sie auch suizidal werden. Die Geschichten können schützen, auch wenn sie nicht stimmen.«

Doch lassen die nie zur Sprache kommenden Verletzungen zwischen Menschen den Schmerz nicht noch wachsen? Doras Tochter Silke ist sich sicher, dass die Wahrheit über den Kontaktabbruch durch Doras beste Freundin Sandra ihrer Mutter helfen würde, egal, wie hart sie sei. »Wir müssen sprechen, um zu erforschen, warum und wozu wir an der falschen Stelle schweigen«, mahnt der Psychologe Wilfried Wieck.

Wolfgang Hantel-Quitmann spielt das Ringen um die Wahrheit am Beispiel von Diana, die nach 15 Jahren Beziehung von ihrem Mann verlassen wurde, einmal durch: »Die Worte, die dann gesagt würden, wären dann vielleicht so: Ihr Mann würde sagen: Ich habe es schon hundertmal gesagt. Sie würde sagen: Du hast nie etwas gesagt. Er würde sagen: Tausend Mal! Sie haben in unterschiedlichen Welten gelebt. Sie haben physisch zwar in einer gemeinsamen Welt gelebt, haben es aber psychisch nicht geschafft, eine Intimität zu leben, in der sie sich wirklich zeigen, sich mitteilen. Intimität ist ja nicht, miteinander Sex zu haben, sondern Intimität ist, miteinander über die tiefsten Gefühle zu sprechen. Die Phantasie, diese Person zu verlassen, auszusprechen, wäre eine viel intimere Mitteilung als Sex. Die leben also in verschiedenen Welten, kommen irgendwie nicht zusammen. Woran liegt das jetzt? An ihrer Wahrnehmung? Was, wenn zwei Leute, die 15 Jahre auf einem Fleck leben, plötzlich feststellen, dass sie sich nie wirklich nahe gewesen sind? Es kann dann der schreckliche Punkt eintreten, an dem man erkennt, dass das nicht das Leben ist, das man will.«

Diana aber wäre auch diese Wahrheit lieber als der völlig unerwartete Bruch. Sie hätte etwas, woran sie sich abarbeiten und das sie letztendlich auch bewältigen könnte. »Wofür wir Worte haben, darüber sind wir auch schon hinaus«, schrieb Nietzsche.

Auch die Mehrheit der Leser bleibt dabei: Die Funkstille sei schlimmer als jede Wahrheit. »Manche sagen, was Sache ist, andere schweigen. Beides tut weh, aber Letzteres, die Funkstille, ist schlimmer, finde ich jedenfalls. Null Chance, sich zu verbessern«, beklagt ein Leser.

Wolfgang Hantel-Quitmann macht darauf aufmerksam, dass die Wahrheit so verletzend sein könnte, dass der Abbrecher den anderen durch sein Schweigen eventuell gar schützen wolle: »Warum soll man dem anderen so etwas sagen wie: Ich ertrage dich seit einiger Zeit nicht mehr, kann dich nicht mehr sehen, nicht mehr riechen? Ist es da nicht freundlicher, einfach zu gehen? Die Erkenntnis, dass es meine Wahrheit ist und ich den anderen verletze, löst einen Schutzmechanismus aus, so dass ich sage: Ich empfinde das so, weil ich aber dich schützen will, sage ich dir nichts. Vielleicht liebe ich dich sogar noch irgendwie, dennoch will ich nicht mehr. In erster

Linie will der Abbrecher sich aber natürlich vor sich selber schützen«, räumt der Therapeut ein.

»Abschließen kann man nie, ich merke nur, dass es mit der Zeit leichter wird, und gleichzeitig komme ich zu der Erkenntnis, dass es – auch nach einer Aussprache – nie mehr so sein wird wie früher«, schreibt eine Leserin. »Muss es auch nicht«, sagt Dora. »Ich habe mit Sandra abgeschlossen. Wer sich derart respektlos und schäbig verhält, ist es nicht wert, geliebt und gemocht zu werden. Sie ist für mich gestorben.« Ihre Gefühle für Sandra sind erloschen. Sie will die Wahrheit über das Geschehene nicht mehr wissen, vorausgesetzt, dass es überhaupt eine Wahrheit gibt.

Im Falle der Funkstille heilt die Zeit leider nicht alle Wunden, berichten diejenigen, die mir in den letzten Jahren immer wieder ein Update ihres Seelenzustandes geben. Die Verlassenen, deren Partner wortlos gegangen sind, haben meist neue Beziehungen, sind glücklich, teilweise gar dankbar, dass sie eine ehrlichere und bessere Beziehung führen. Sie sind froh darüber, erkannt zu haben, dass die betrauerte Beziehung keineswegs gut und »normal« war. Dann gibt es Menschen wie Diana, die sich gefügt haben und die Realität endlich akzeptieren, die aber wissen, dass diese brutale Erfahrung sie ein Leben lang begleiten – und belasten – wird. In Familienbeziehungen ist die Funkstille besonders belastend, denn eine Mutter bleibt immer eine Mutter, eine Tochter immer eine Tochter.

»Nichts im Leben ist sinnlos, denn im Nachhinein ergibt so manches, wenn wir es betrachten, sogar mehr Sinn, als uns lieb ist«, warnt eine Leserin. Dora lehnt eine solche Sicht der Dinge ab. Immerhin mache es dann doch aber Sinn, findet sie. Und auch Ralf, der eine neue Beziehung hat, in der er Probleme lieber gleich klärt, anstatt sie durch Schweigen zu verschlimmern, meint: Wenn das Schicksal der Funkstille zuschlägt, solle es wenigstens Sinn machen. Mittlerweile hat er das Ende seiner Beziehung zu Isa akzeptiert. »Die Funkstille mit Isa zu ertragen wäre mir wahrscheinlich viel früher gelungen, wenn ich früher akzeptiert hätte, dass meine Gefühle ihr gegenüber okay sind: Vor allem, dass es in Ordnung ist, wenn ich noch Liebe für sie empfinde. (…) Hätte ich es früher einfach akzeptiert, dass ich wohl immer tiefe Zuneigung für sie empfinden werde, hätte ich eher in relativer Ruhe überlegen können, welches Verhalten meinerseits für mich und für sie tatsächlich gerade am besten wäre. Und nicht zuletzt hätte ich mit dieser Ruhe mein Leben früher wieder in den Griff gekriegt.«

Gefühle verstehen: »Man kommt nur raus, indem man reingeht«

Wie wir gesehen haben, erleben viele Leser in ihrem Leben die immer gleichen Dramen: Sie haben in der Herkunftsfamilie Kontaktabbruch und Schweigen als Konfliktlösungsmittel erfahren, und auch wenn sie sich fest vorgenommen hatten, dass die Funkstille in ihrer eigenen Familie keine Rolle spielen würde, wiederholte sie sich.

»Wie kann man sich aus diesem Familienmuster befreien?«, frage ich Wolfgang Hantel-Quitmann. »Man kommt nur raus, indem man einmal richtig reingeht. Reingeht in die Gefühle. Man muss anfangen, sich selbst zu verstehen: Erkenne dich selbst! Das ist das Programm der Psychologie. Hineingehen und gucken: Wann tauchen bei mir welche Gefühle auf? Im Zentrum der modernen Psychologie stehen ganz klar die Gefühle. Und die Gefühle zu verstehen ist der zentrale Zugang

zu sich selbst. Zu verstehen: In welchen Situationen kriege ich
Panik, und wieso ist es gleich Panik und nicht einfach Angst,
und was ist der Anteil, der aus der Angst Panik werden lässt?
Was ist der aktuelle Teil, und was ist der alte Teil? Ich glaube,
dass viele Menschen, die in diesen Wiederholungsschleifen
sind, eine Psychotherapie brauchen. Und diejenigen, die meinen, sie bräuchten sie nicht, die brauchen sie noch viel mehr.«

Nicht jeder, der einen Kontaktabbruch erlebt, braucht eine
Psychotherapie, und natürlich leidet nicht jeder der Betroffenen unter einer Persönlichkeitsstörung, doch sämtliche Fach-
leute, die ich befragt habe, betonten, dass es ganz und gar
nicht »normal« sei, Beziehungen mit einem plötzlichen Abbruch zu beenden. Wenn also auf der Abbrecher-Seite der
Leidensdruck hoch ist – und er ist es, wie die Zuschriften
meiner Leser beweisen –, dann ist es tatsächlich hilfreich zu
schauen, woher dieser Druck und der Impuls, einfach wegzugehen, kommen. Der Abbrecher ist sich in seiner Nähevermeidung oft selbst fern. Er muss also herausfinden, wie es in
ihm selbst aussieht.

Ralf als Verlassenem half es, ab und zu mal eine Denkpause
einzulegen, in der eine Weile keiner schuld war, um sich seiner Verantwortung bewusst zu werden, aber auch, um zu erkennen, dass er in der jeweiligen Situation nicht anders handeln konnte. In Beziehungen bestimmt man Konflikte nicht
allein. Es sind immer mindestens zwei beteiligt, einer allein ist
selten »schuld«. Ständig wiederkehrende Konflikte haben,
wie beschrieben, häufig auch mit den jeweiligen Beziehungs-
konstellationen zu tun. Im Forum auf *www.funkstille-buch.de*
erklärt Ralf: »Nach meinem Eindruck ist ein Hauptproblem
bei Konflikten im Zusammenleben der tief in uns veranker-
te Gedanke von Schuld im juristischen Sinne: Wenn etwas
schiefläuft, muss es immer genau einen Schuldigen geben.

Jemand, der sich in einer Situation unwohl fühlt, macht die Schuld dafür klar beim anderen aus – oder sucht sie bei sich selbst. Der andere spürt die Schuldzuweisung oder die Unzufriedenheit, will eigentlich keine Schuld haben, schiebt sie also zurück – oder lädt sie dennoch auf sich, ist damit aber wieder unzufrieden. Das spürt wiederum der Erste. Wo auch immer sie nun zu welchen Teilen liegt: Mit Schuld ist immer mindestens einer unglücklich! Der einzige Ausweg hieraus scheint mir ein grundlegender Wandel der Kultur von Kommunikation und Konfliktlösung in unserer Gesellschaft zu sein: Eine Abkehr von der Schuld und eine Hinwendung zur gemeinsamen Verantwortung. Soll heißen, wenn etwas schiefläuft, hat zunächst mal keiner Schuld. Beide haben die Verantwortung zu gucken, ob alles okay ist. Derjenige, der zuerst merkt, dass was schiefgeht, hat die Verantwortung, es dem anderen zu sagen. Der hat dann die Verantwortung, aufmerksam und einfühlsam ins Gespräch zu gehen. Und beide haben nun gemeinsam die Verantwortung herauszufinden, wer welche Verhaltensweisen und äußeren Umstände ändern muss, damit es beiden gut geht. Dabei sind Fehler erlaubt und führen nicht zu Verurteilungen.«

Ralf hat in gewisser Weise recht, denn tatsächlich geht es bei der Bewältigung der Funkstille grundsätzlich um die Verarbeitung von Schuld; es sei sogar das »Hauptthema«, so der Schweizer Psychologe Hugo Grünwald: »Aus meiner Sicht ist das zentrale Thema, sowohl für Abbrecher als auch für Verlassene, wie der Umgang, die Bewältigung und die Kontrolle des Themas Schuld gelingen.«

Ralf hat die vorsichtige Hoffnung, dass er sich ganz von der Schuldfrage befreien kann, um die Funkstille am Ende akzeptieren zu können und um sich und Isa verzeihen zu können. Auf unserer Kommentar-Plattform rät er anderen Betroffenen: »Verzeihen! Dem anderen – und mir selbst: Nach meiner Erfahrung habe ich nur dann eine Chance, Frieden zu finden, wenn ich allen Beteiligten verzeihe.«

»So weit bin ich nicht, dass ich sanft und entspannt wäre, obwohl es auch für mich das Beste wäre, wenn ich meiner Mutter verzeihen könnte. Ihr das verzeihen, was sie mir nicht geben konnte. Nicht das, was sie mir angetan hat, sondern das, was sie nicht geben konnte. Wäre besser, wenn ich es könnte, aber im Moment geht es nicht«, erklärt Anja.

Verzeihen ist auch dann schwer, wenn der Verlustschmerz groß ist, wie im Fall einer Leserin, die sehr erleichtert war zu erfahren, dass auch andere Menschen eine Funkstille-Erfahrung haben und unter ihr litten oder noch leiden. Ralf beschrieb im Forum, dass er sich zu Beginn wie amputiert fühlte. Die Leserin hat das gleiche Gefühl sogar noch heftiger erlebt: »Nie zuvor hatte ich ein riesiges kaltes Loch an der Stelle, an der das Herz sitzt. Nie zuvor hatte ich dieses schreckliche kalte Gefühl in meinem Körper, dieses große Stück, das fehlte. Und nun sagt das hier auch ein Mensch. Ja, das fehlende Stück ist schmerzhaft.«

Wie viel Verlustschmerz ist eigentlich normal, frage ich Hugo Grünwald: »Aus meiner Sicht kann die Frage nur so beantwortet werden, dass die vorbestehende Vulnerabilität – also die ›Verletzbarkeit‹ – der Persönlichkeit, auf die ein solches Funkstille-Ereignis trifft, ausschlaggebend ist. Wenn eine Person in ihrer Kindheit ähnliche Verlust- und Trennungserlebnisse – vor allem mit Eltern – erlebt hat, so kann ein Verlassenheitserlebnis im Erwachsenenalter auch sehr stark auf diese schon früher traumatisierte Person treffen und wirken. Erlebt eine Person das Verlassenwerden zum ersten Mal in ihrem Leben, so denke ich nicht, dass es die Qualität und Wirkung einer Posttraumatischen Belastungsstörung erreichen kann. Zentral in der Verarbeitung ist, dass sich nach einer bestimmten Phase der Wut, der Trauer, des Schmerzes so etwas wie Neutralität gegenüber diesem schwierigen Ereignis wieder einstellen kann.«

Die Funkstille: ein Transit, eine Katharsis?

Im Buddhismus sagt man, wenn man anderen keine Veränderung zutraut, würde man an seiner eigenen Entwicklung zweifeln.

»Zehn Jahre sind vergangen, wir sind erwachsen geworden. Vielleicht begegnen wir uns wieder, aber nicht als die, die wir waren, sondern als die, die wir sind«, schreibt eine Frau, die den Kontakt zu ihrer Familie abgebrochen hat, hoffnungsvoll.

Ich frage den Fachmann: »Kann die Funkstille eine heilsame, gar eine kathartische Wirkung haben?« Wolfgang Hantel-Quitmann erinnert mich an die weiter oben beschriebene Frau, die ihren Mann verlassen hat, als ihre Tochter in dem Alter war, in dem sie selbst von ihrem Vater missbraucht wurde. »Hier handelte es sich um ein Übertragungsgeschehen: Das innere Bild des Vaters wird auf den Ehemann, den Kindsvater, übertragen. Das ist destruktiv, und wenn ich mich dann trenne, trenne ich mich symbolisch auch von der eigenen Vaterperson, was wiederum hilfreich sein kann. Ich habe etwas getan, was ich als Kind nicht tun konnte. Nun habe ich es symbolisch nachgeholt«, so der Familientherapeut. Die betreffende Frau ging zurück zu ihrem Mann und erklärte die Funkstille. Er hat ihr verziehen. Heute sind sie glücklich.

Ohne den harten, aber heilsamen Rückzug und ohne professionelle Hilfe hätte die missbrauchte Mutter das erlittene Trauma nicht aufarbeiten können. Sie hat sich an dem belastenden Lebensereignis letztlich weiterentwickeln können. Psychologen nennen dies posttraumatisches Wachstum.

»Die Funkstille wird dann zum Schutzraum, in den ich mich hülle, um mir meiner selbst bewusst zu werden. Sie ist ein heilsamer Ort, an dem ich zur Ruhe komme, um klar zu sehen. Erst wenn ich selbst wieder klar sehe, kann ich das Wahrgenommene auch klar kommunizieren. So kann eine Funkstille Ängste und Bedürfnisse aller Betroffenen offenbaren und beiden Seiten dienen. Sie kann Abbrechern und Verlassenen neue Türen öffnen, die zuvor verschlossen waren«, schreibt eine Leserin.

Eine temporäre Funkstille kann Sinn machen, wenn in der Zeit der Stille etwas aufgearbeitet wird. Auf beiden Seiten! Erst dann kann man Konflikte lösen. In Ralfs Fall war die Funkstille mit Isa lehrreich. Auch seine jetzige Freundin hat eine Funkstille-Erfahrung. Beide sprechen heute möglichst sofort über Unstimmigkeiten, bevor sich ein Sturm aufbaut. »Eine Funkstille ohne anschließendes Sprechen finde ich nach wie vor äußerst brutal und eben einfach verdammt schade«, sagt Ralf.

Sich befristet aus der Beziehung herauszunehmen und sein Verhältnis zum anderen zu überprüfen, mache durchaus Sinn, sagt auch die Ingenieurin Annika. Doch der Abbrecher sollte sein Vorhaben unbedingt vorher formulieren, so wie ihr Freund den Rückzug nun immer ankündigt. Sie könne gut mit diesem Schweige-Vertrag leben, sagt Annika. Ich frage Hugo Grünwald: »Ist das tatsächlich eine Lösung?« – »Dies ist ein gutes Beispiel einer angemessenen Distanz-Nähe-Regulation«, findet der Psychologe. »Allerdings müsste bei diesem Vorgehen sichergestellt sein, dass sowohl immer wieder Nähe wie auch angemessene Distanz für beide in ausreichendem Maße möglich wird.«

Grundsätzlich äußern viele Leser die Hoffnung, in der Funkstille auf eine Art zum Nachdenken zu kommen, die sie verstehen lässt und weiterbringt. »Mich hält vom Kontaktaufnehmen in erster Linie ab, dass ich mir keine Vorwürfe machen lasse und meine Entscheidung, den Kontakt abzubrechen, nicht verteidigen will. Und dann empfinde ich noch Scham, weil ich meine Schwestern sitzengelassen habe (auch wenn es nicht anders ging). Das wäre sicher etwas, womit ich mich dann intensiver beschäftigen müsste, bevor wir miteinander umgehen könnten. Insgesamt glaube ich, dass es schwer wäre, aber nicht unmöglich«, schreibt ein Leser.

Der große Knall des Kontaktabbruchs kann auch als eine Art Lebensübergang gesehen werden, bei dem die alten, gescheiterten Muster verlassen werden, und Handlungsfähigkeit zurückgewonnen wird, so dass ein erneuter Kontakt unter veränderten Vorzeichen möglich wird. Dies setzt Offenheit bei allen Beteiligten voraus. Verlassene tun also gut daran, auf Vorwürfe zu verzichten, wenn der Abbrecher auf ihren Wunsch nach Kontakt eingeht oder sogar selbst die Verbindung wieder aufnimmt.

Doch bevor es zu einem derartigen Transit kommen kann, ist es hilfreich, die Funkstille als das zu sehen, was sie in erster Linie ist: eine Abwehrreaktion, ein Bewältigungsversuch. Das seelische Immunsystem schützt sich vor Verletzungen. Während Antikörper wirken, um den Körper zu schützen, oder Gerinnungsstoffe, um ihn zu heilen, beeinflusst die seelische Abwehr die Wahrnehmung der Realität – und schützt das Ich vor zu heftigen Erschütterungen. Sigmund Freud nannte die Abwehr eine Strategie, um mit den Erschütterungen des Lebens, den traumatischen Erfahrungen klarzukommen. Je empfindsamer das Ich, desto heftiger die Abwehrreaktionen. Ein stabileres Ich würde konstruktivere Abwehrmechanismen wählen, zum Beispiel, anderen zu helfen und damit auch sich selbst.

Sich gegen die Funkstille innerlich aufzulehnen, sie zu bekämpfen, ist für die Verlassenen erfahrungsgemäß wenig hilfreich. Der Kampf kostet zu viel Kraft, wie etwa die Geschichten von Florian oder Diana zeigen. Auch die Verlassenen können nach dem ersten Schock, nach dem Abebben der größten Wut, die Zeit der Stille nutzen – zum Nachdenken, etwa über die eigenen Erwartungen an Beziehungen im Allgemeinen und an den Abbrecher im Konkreten, und um zu sehen, inwieweit man diese Erwartungen loslassen kann. Im besten Falle kann der Bruch in einem späteren Dialog er- und geklärt und damit bewältigt werden. Klärt jeder der Beteiligten die Problematik offen und ehrlich mit sich selbst, kann die Funkstille oft irgendwann auch akzeptiert werden.

Ralf ist dies gelungen. Er hat wieder Fuß im Leben gefasst, hat eine neue Freundin; die Ex-Freundin Isa wiederum hat einen festen Platz in seinem Herzen. Sein Leben ist, vier Jahre nach der Funkstille, nicht mehr hingenommene Wirklichkeit. Es ist wieder schön.

Florian konnte die Zeit der Stille, die noch andauert, bislang nicht für sich nutzen. Er vermisst seine Ex-Frau Susanne unvermindert und will sie auch in seinen Gedanken nicht freigeben. Für ihn, der immer noch tief erschüttert und körperlich angeschlagen ist, scheint es einfacher zu sein, eine Beziehung in der Erinnerung, in der Sehnsucht zu leben. Sie muss dann der Gegenwart nicht standhalten – einer Gegenwart, die verunsichern und verletzen könnte.

Eine Leserin rät, Stolz und Unversöhnlichkeit beiseite zu lassen und aufeinander zuzugehen, bevor es zu spät ist. »Mit einer sehr lieben Freundin haben wir uns zerstritten! Nichts gesprochen, über ein Jahr! Dann hatte sie einen Autounfall und liegt seit zehn Jahren ans Bett gefesselt im Wachkoma! Deshalb denke ich mir: Leute, kommt schon, ihr seid nicht die Einzigen; nehmt euch wichtig, aber nicht zu sehr!«

Reden: eine Frage der Moral, ein Zeichen des Respekts

»Verletze niemanden, vielmehr hilf allen, soweit du kannst.« So formuliert Arthur Schopenhauer das Prinzip aller Moral.

Nach einem Kontaktabbruch sind es vor allem die Verlassenen, die den moralischen Aspekt der Funkstille betonen. Einen anderen Menschen mit Schweigen abstrafen, ohne die Gründe dafür zu nennen – wie kann das unter moralischen Gesichtspunkten vertretbar sein?

Diana findet, es sei eine Frage der Humanität, sich zu erklären. Anja konstatiert: »Hätte meine Mutter Respekt vor mir gehabt, hätte ich nicht abbrechen müssen.« Nicht nur die Verlassenen, sondern auch die Abbrecher berufen sich also auf moralische Prinzipien. Die Zuschriften nach dem *Funkstille*-Buch zeigen, dass Anja nicht die Einzige ist, die den Kontakt abbrach, weil sie sich nicht geachtet und respektiert sah. Anja allerdings weiß auch, dass sie sich selbst besser fühlen würde, wenn sie sich ihrerseits der Mutter gegenüber erklärt hätte. Die anhaltende Funkstille zementiert ihre negative Einstellung zu ihrer Mutter und schlimmstenfalls auch zu sich selbst. Das Grundproblem bleibt, denn durch die Funkstille ist nichts beendet. Im Wissen darum wird Anja schließlich vier Jahre nach dem Kontaktabbruch ihre Mutter anrufen.

Bei der Kontaktaufnahme geht es wiederum um Respekt.

Viele Verlassene – so sehr sie sich wünschen, wieder Kontakt zum Abbrecher zu haben – fragen sich, wie sie ihre Würde behalten, sollte es wieder zu einer Annäherung kommen. Manche haben viele Male den Abbrecher um erneuten Kontakt gebeten und empfanden dies als erniedrigend. Auch wenn den meisten klar ist, dass Prinzipien wie »Wer zuerst anruft, hat verloren« unter Erwachsenen wenig sinnvoll sind, gibt es Unsicherheiten über das, was bei einer Wiederannäherung angemessen ist.

»Wie ein kleines Kind schüttelte mein Ex-Mann den Kopf, trotzig, sich verweigernd«, beschreibt Diana das erste Zusammentreffen mit Johannes nach zweieinhalb Jahren Funkstille vor Gericht. Sein trotziges Kopfschütteln war die Reaktion auf die Frage des Richters, ob er denn nicht endlich etwas sagen wolle. Kein Wort ging ihm über die Lippen. Funkstille bis zum Schluss. Seine Sachen hatte er bis zum Prozess nicht bei Diana abgeholt. Diana hat die Trennung akzeptiert, auch wenn sie, nach 15 Jahren gemeinsamer Beziehung, nach wie vor der Meinung ist, dass Johannes' Verhalten in hohem Maße unethisch ist. »Es wäre ein Zeichen des Respekts gewesen, wenigstens ein Wort mit mir zu wechseln. Es hätte mir geholfen zu verzeihen, und letztendlich wäre es doch auch für ihn besser gewesen, mit gutem Gewissen abzuschließen«, sagt Diana. Die Art und Weise von Johannes' Weggang bleibt für sie bis heute ein Angriff auf ihre »Menschenwürde«. Er hätte diese schweren Vorwürfe entkräften können. Tat es aber nicht – weil er nicht wollte oder nicht konnte.

Sinnvoll wäre natürlich, so der Psychologe Hugo Grünwald, »eine angemessene Art der Distanz-Nähe-Regulation in einer Beziehung zu erreichen. Eine Distanz-Nähe-Regulation ist immer eine Sache, die beide Seiten angemessen lösen müssen, und nie die Sache eines Einzelnen. So gesehen könnte man auch fragen: Haben Verlassene Mühe, Distanz auszuhalten, während Abbrecher Mühe haben, Nähe auszuhalten? Beides ist letzten Endes ein Aushandlungsprozess, bei dem es um die Respektierung beidseitiger Grenzen geht und natürlich auch darum, über sich und seine Person zu reden und sich in Frage stellen zu lassen.«

Dora wagt noch einmal ein Gedankenspiel: »Wie wär's? Zehn Jahre weiter. Sandra steht vor der Tür und tut so, als wenn nichts gewesen wäre. Ich glaube, ich würde ausrasten. Das wäre noch einmal eins obendrauf für mich. Sie müsste sich erklären, das wäre das Minimum. Aber ich glaube auch nicht, dass so eine enge Freundschaft wieder zu kitten wäre. Mein Vater hatte immer so ein schönes Bild. Er sagte: Wenn man mit einem Fünfkilohammer auf ein Ei haut, da kann man so viel Betonkleber verwenden, wie man will. Das kriegt man nicht mehr heil. Freundschaft ist wie ein rohes Ei! Man kann nicht an dem Punkt weitermachen, wo unterbrochen wurde. Ich habe einen Schnitt gemacht, und mir geht es jetzt gut. Würde Sandra heute vor meiner Tür stehen, würde ich sagen: Tut mir leid, aber du musst gehen. Ich würde sie aber nicht vor der Tür stehen lassen, so wie sie es mit mir gemacht hat. Das war das entwürdigendste Erlebnis meines Lebens. Und so respektlos und klein würde ich mich nicht verhalten wollen. Es wäre nur eine billige Retourkutsche, für die ich mich schämen würde.«

Wer ist Opfer, wer ist Täter? Und warum das nicht die entscheidende Frage ist

Mit die häufigsten Fragen meiner Leser lauten: »Wer ist Opfer? Wer Täter? Sind beide beides?«

Ich gebe die letzte Frage weiter an Hugo Grünwald: Sind

Abrecher und Verlassener jeweils zugleich Opfer und Täter? »Dies kann man klar mit Ja beantworten«, bestätigt der Fachmann. »Die Szenerie von Abbrecher und Verlassenem kann man nur verstehen, indem man die gegenseitige Bedingtheit vom Tun des einen und vom Lassen des anderen als gemeinsames Muster betrachtet.«

Ein Betroffener, der mir geschrieben hat, sieht das völlig anders: »Ich glaube, dass das mit dem ›Beide sind beides‹ nicht funktioniert. Mir scheint, es hängt von der Machtverteilung in einer Beziehung ab, wie sehr jemand Täter bzw. Opfer ist. In Beziehungen, die annähernd auf Augenhöhe stattfinden, kann man sicherlich beide Seiten in beiden Rollen sehen. Aber bei Beziehungen mit einem starken Ungleichgewicht – wie dem zwischen Eltern und Kindern – scheint mir der Kontaktabbruch durch den schwächeren Teil eher Notwehr zu sein. Und ich glaube, man wird dem nicht gerecht werden können, wenn man das dann als ›Täterschaft‹ bezeichnet. In manchen Fällen mag es eine Art ›Notwehrexzess‹ sein. Es fehlt aber einfach die Möglichkeit, den Kontakt(-abbruch) zu gestalten. Und das macht für mich die Täterschaft aus. Vielleicht könnte man, wenn die Rollenverteilung nicht ganz klar ist, beide Seiten nur als Opfer sehen. Dann müsste man noch rausbekommen, wovon sie Opfer sind. (Nicht, *wessen!*) Ich könnte mir vorstellen, dass das vielleicht auch der Weg ist, der zueinander führen könnte.«

Noch einmal nachgefragt: Sind beide Opfer? Grünwald findet den Einwand des Lesers nachvollziehbar. Allerdings schlägt er vor, von den Begriffen des »Opfers« und des »Täters« komplett abzusehen. Eigentlich müsste man davon wegkommen, von Opfer und Täter zu reden, da dies immer wieder die bewusste schuldhafte Entscheidung des einen auf den anderen, den Ertragenden, Erduldenden suggeriert. Das ist aber meistens nicht so. Erstens entstehen solche Muster häufig unbewusst, und zweitens haben Kinder und Jugendliche auch ihre unbewussten Strategien und Mittel, um Eltern in ihre ebenfalls unbewussten ›schwierigen‹ Muster zu bringen. Aber: Es ist tatsächlich so, dass in bestimmten frühkindlichen Entwicklungsphasen Eltern eine andere oder *die* Verantwortung haben für eine gute Entwicklung ihrer Kinder. Dazu gehört auch das Einhalten und Respektieren von kommunizierten Grenzen der Kinder (wenn sie denn kommuniziert worden sind). Je älter allerdings Kinder werden, je mehr sie ins Jugend- und Erwachsenenalter kommen, desto mehr sollten sie ihren Teil des Musters miterkennen und von einer einseitigen ›Schuld‹-Zuschreibung wegkommen.«

Ich erinnere mich an die widersprüchlichen Mails von Laras Mutter, in denen sie ihre Tochter gleichzeitig wüst beschimpfte und um Kontakt anbettelte: »Dass Du Dich so schlecht entwickelt hast, hat mit mir nichts zu tun. Ich hoffe, dass es mir besser geht, wenn ich Dir geschrieben habe, dass ich aus heutiger Sicht Dich nie hätte auf die Welt bringen sollen – so hätte ich mir diesen schrecklichen Schmerz ersparen können.« Lara spricht, wie erwähnt, heute nur noch von ihrer »Ex-Mutter«. Hat die Mutter durch ihr Verhalten den endgültigen Bruch nicht ganz klar provoziert? Wer ist hier Täter? Wer Opfer?

»Grundsätzlich auch hier wiederum: Beide sind Opfer und Täter zugleich«, konstatiert Hugo Grünwald. »Allerdings scheint mir in diesen Briefauszügen sehr erkenntlich zu sein, dass diese Mutter mit verschiedenen Formen von Abwertungen arbeitet. In diesem Fall ist die Verantwortung im Umgang mit solchen schwierigen Trennungserlebnissen nicht gleich zu verteilen. Mütter, Väter, Eltern haben eine höhere Verantwortung im Umgang mit Respekt und Achtung gegenüber ihren

Kindern – vor allem jüngeren Kindern gegenüber. In diesem konkreten Beispiel versuchen sowohl die Mutter wie auch die Tochter, die schwierigen Teile der anderen Person abzuspalten, zu verdrängen, weil beiden die Integration des anderen nicht mehr gelingt oder gelingen will. So ist verständlich, dass die Mutter davon spricht, sie hätte die Tochter nicht auf die Welt bringen dürfen, wie auch verständlich ist, dass die Tochter ihre Mutter zur Ex-Mutter macht. Beide machen das Gleiche, beide leiden am Gleichen, und beide bräuchten den anderen, um eine bessere Integration dieser wichtigen lebensprägenden Personen für sich zu finden.«

Immer wieder kommt es vor, dass erwachsene Kinder, die den Kontakt zu den Eltern abgebrochen haben, ihre Gründe und ihre Wahrnehmung der Situation vor dem Abbruch in Briefen zu erklären versuchen. Manche müssen dann erstaunt feststellen, dass von den Eltern keine Reaktion kommt. Es liegt nahe, dass sie dies als Ablehnung empfinden. Lohnt es sich für die Eltern nicht, um ihre Kinder zu kämpfen? »Wer schweigt, stimmt zu!«, sagt eine Abbrecherin. Sie wertet das Schweigen der Eltern als Einverständnis mit dem Kontaktabbruch. »Das kann man so interpretieren. Aus meiner Sicht ist es aber naheliegender, dass Eltern, die ihren Kindern nicht mehr zurückschreiben, auch hilflos sind; Mühe haben, sich diesen schwierigen konflikthaften Themen und Vorwürfen zu stellen«, so Hugo Grünwald.

Für Verlassene mag es das Beste sein, damit aufzuhören, den anderen im inneren Gespräch zur Rechenschaft zu ziehen oder es ihm in einem hilflosen Schattentheater heimzahlen zu wollen. Der Abbrecher weiß ja häufig gar nichts vom selbstzerstörerischen Ärger des Verlassenen. Auch wenn es unmöglich erscheint: Hilfreich kann dabei sein, an das Gute zurückzudenken, das man mit dem anderen Menschen erlebt hat, und es wertzuschätzen. Entscheidend scheint zu sein, dass wir lernen, mit Abhängigkeiten umzugehen, sie wertzuschätzen, wenn sie uns Freiheit bedeuten und sie zu beenden, wenn sie einengen. Wie Empathie verhilft auch Dankbarkeit dazu, den Abbrecher in seiner gesamten Person wahrzunehmen und nicht nur als den »Bösen«, der einfach gegangen ist. Der Versuch, herauszufinden, wer mehr Täter und wer mehr Opfer ist, mag zu Beginn der Funkstille helfen, ist aber letztendlich nur einer von mehreren Bewältigungsversuchen.

Bei der Definition der Opferrolle, so Wolfgang Hantel-Quitmann, gehe es wohl in erster Linie um eine Schuldzuweisung: »Die Benennung eines Täters ist ja nur notwendig, weil man sich selbst als Opfer stilisiert, das heißt, die Benennung von Tätern wird immer von Opfern vorgenommen. Kein Mensch nennt sich selbst Täter. Höchstens, indem er sagt: Ich habe das zwar getan, aber nur, weil das Opfer sich so oder so verhalten hat, wie beispielsweise Mütter, die Kinder misshandeln, sagen, sie haben ja nur zurückgeschlagen, weil das Kind sie so provoziert hat. Die eigene Täterschaft wird zur Notwehr umgedichtet. Täter-Opfer-Konstellationen sind immer ein verzweifelter Versuch, die Schuldfrage mit dem anderen zu verknüpfen und sich selbst unreflektiert reinzuwaschen. Als Opfer kann ich bedauert werden, kann ich Selbstmitleid entwickeln, kann ich mich reinwaschen von jeder Art an Beteiligung oder Schuld. Es ist immer so, dass auch diejenigen, die sich trennen, sich selbst als Opfer bezeichnen. Nach Jahren erkennen sie Eigenanteile an der Trennung. Es ist erst einmal ein Bewältigungsversuch, über die Täter-Opfer-Konstellationen sich selbst zum Opfer zu stilisieren.«

Es hilft scheinbar, wenn klar ist, wer Opfer und wer Täter ist. Wenn ich in der Lage bin, dem Täter die eindeutige Schuld zuzuweisen, kann ich Distanz schaffen und meine Vorstellung von Moral, mein Weltbild aufrechterhalten. Doch daraus entsteht eine hierarchische Schieflage – möglicherweise war es bereits diese Schieflage, die die Funkstille überhaupt provoziert hat. Ist der Täter benannt, fällt es leicht, sich moralisch über ihn zu stellen. Das Trennende gewinnt, das Verbindende schwindet.

Die Überlegung, selbst ein Teil der schmerzhaften Geschichte zu sein, ist offenbar schwer auszuhalten. Man müsste sich selbst und sein inneres Weltbild überprüfen, und man müsste erkennen, dass man die vermeintlich zusammenhangslose Tat – die Funkstille – mit beeinflusst hat.

Klare Schnitte: Loslassen – ein Vorteil für beide Akteure

Für jeden von uns ist die Vergangenheit ein maßgeblicher Bestandteil des Lebens. Wir können sie nicht einfach ausblenden, wenn sie uns nicht passt. Sie bleibt bei uns, auch wenn es besser wäre, dass wir sie loslassen, weil sie unsere Gegenwart beschwert. Auf *www.funkstille-buch.de* ist ein Streit darüber entbrannt, ob man loslassen soll. »Natürlich«, sagen die einen, die weitergehen wollen, neue Beziehungen eingegangen sind oder sich eine neue Wahlfamilie gesucht haben. »Auf keinen Fall« sagen die, die den »verlorenen Menschen« als Teil ihres Lebens, ihrer »Heimat«, betrachten, umso mehr, wenn es um das eigen Fleisch und Blut geht.

»Der Schmerz und die Frage nach dem Warum haben nachgelassen, als ich bereit war loszulassen und meinen eigenen Weg zu gehen«, schreibt eine Leserin, und sie steht mit dieser Erfahrung für viele. Dora sagt, dass sie es nicht unbedingt auf »diese harte Tour« gebraucht hätte. Wenn ihre

Freundin Sandra es gewünscht hätte, hätte sie sich zurückgezogen. Wozu dieser gewaltvolle Abbruch?

Anja hat nach vier Jahren Funkstille ihre Mutter angerufen, um mit ihr zu reden. Am anderen Ende der Leitung: keine Fragen, keine verbindenden Worte, nicht einmal Vorwürfe. »Zu Beginn des Telefonats hatte ich Hoffnung, dass sie sich bewegt hat, dass sie sich verändert hat, so wie ich mich verändert habe. Dass sie die Zeit genutzt hat, um zu überlegen: Was will ich, wo will ich hin? Was möchte ich eigentlich? Nach ungefähr zwei Minuten war die Hoffnung zerstört, und ich wusste nicht mehr, was ich mit ihr reden sollte. Und das hat mir gezeigt, dass es gut war anzurufen, obwohl es bitter wehgetan hat. Aber es war trotzdem gut, weil ich jetzt weiß, es gibt keine Hoffnung auf eine Annäherung, auf eine Gemeinsamkeit mit ihr, und jetzt kann ich endlich neu anfangen, weil ich das abgeschlossen habe.«

Ich frage nach: »Hast du denn deiner Mutter zugehört, hast du sie mit ihren Worten in dich hineingelassen? Hast du Fragen gestellt?« – »Ja«, entgegnet Anja mir, »aber da waren keine Worte, zumindest keine, die Sinn in meinem Sinne ergeben hätten. Wir verloren uns in Allgemeinplätzen, dem Job, der Wohnung, dem Auto usw. Es ging nicht um uns. Ich habe erkannt, dass sie sich nicht ändern wird. Sie weiß ja gar nicht, was sie falsch macht, und sie wird sich mit über 70 auch nicht mehr ändern. Es hat keinen Sinn.« Mir fällt auf, wie aufgeräumt ihre Stimme klingt, regelrecht erleichtert und fröhlich. Sie hat es, als Abbrecherin, gewagt, ihre Mutter anzurufen, und sie weiß nun, dass der Kontaktabbruch für sie richtig ist. Er belastet sie nicht mehr. Natürlich bleibe ihre Mutter ihre Mutter, erklärt Anja mir weiter, und vor allem hege sie keinen Groll mehr, weil sie nun wisse, dass ein Kontakt nicht sinnvoll und gut wäre. Trotz aller Verletzungen kann Anja ihrer Mutter wieder mit Zuneigung begegnen. »Ich will keinen Zorn und Unfrieden mehr in meinem Leben«, sagt sie.

»Wenn Versuche der Tochter immer wieder scheitern, eigene Bedürfnisse zu erfüllen, Autonomiebestrebungen in Gang zu setzen, so denke ich, ist es aus Sicht einer Tochter eine angemessene Strategie, sich langsam von der Mutter wegzubewegen. Dieses Sich-Wegbewegen von der Mutter könnte auch geschehen über entsprechende gesellschaftlich akzeptierte und psychologisch sinnvollere Formen als abrupter Abbruch, wie beispielsweise Auslandsaufenthalte, Reisen, Studien- oder Arbeitsplätze zu suchen, die bewusst weiter von zu Hause entfernt sind«, so Hugo Grünwald. Genau auf diese Weise hat Anja ihren Abbruch über Jahrzehnte eingeleitet.

Auch wenn beim Verlassenen die Sehnsucht nach dem Abbrecher bleibt, rücken mit der Zeit die gemeinsam verbrachten Jahre in eine Distanz.

»Mein neues Leben ohne Isa«, so Ralf, »ist nicht schlechter als das Leben mit ihr, vielleicht sogar besser, weil meine neue Beziehung auf Ehrlichkeit gebaut ist. Ich habe weniger Angst, etwas falsch zu machen. Meine neue Freundin ist klar, offen und weiß, was sie will. Das macht mich stark.« Isa sei zwar Teil seines Lebens gewesen, aber mehr auch nicht. »Sie ist nicht mein Leben. Das habe ich jetzt verstanden«, bilanziert er. Ob er aus Angst vor Verletzungen vorsichtiger geworden sei, frage ich ihn. »Nein, mutiger eigentlich, weil die vielen ungesagten Dinge eine Beziehung nur beschweren. Ich will auch nicht, dass Isa mein Leben so sehr bestimmt, dass sie alle weiteren Beziehungen prägt.«

Leben mit der Funkstille

Beim Überdenken des Lebens mit der Funkstille tauchen die alten Grundfragen der Existenz auf: Wohin gehen wir? Was wollen wir? Was fürchten wir? Wie verhalten wir uns zu unserer eigenen Freiheit und zu unseren Abhängigkeiten? Auch zu unserem Schuldigsein oder Schuldigwerden? Wie flexibel ist unser Weltbild? Sind wir in der Lage, das Schmerzhafte und manchmal Bösartige in unser Weltbild einzubinden?

Das unbegründete Weggehen des Abbrechers »einfach« loszulassen ist schwierig, für manche Verlassene auch unmöglich. Doch, so meinen einige Leser, könne man die Zeit der »Pause« nutzen, um sich klar zu werden über existentielle Fragen wie die nach den eigenen Erwartungen oder Ängsten. »Darum ist es ganz wichtig, eine Phase des Trauerns über den Verlust zu durchleben, die auch selbstreflektive Züge hat, eine Zeit der Suche und des Verstehenwollens. Aber dann gilt es, Abschied zu nehmen. Dieser Abschied muss beinhalten, dass es keine gemeinsame Zukunft mit einem Menschen geben kann, der einem so etwas wie einen Kontaktbruch antut«, schreibt ein Leser.

Diana sagt heute, wenn sie nach ihrem Ex-Mann und den Gründen der Trennung befragt wird: »Mein Mann hat entschieden, dass sein Leben ohne mich glücklicher ist und hat sich deshalb getrennt.« Losgelassen hat sie – noch – nicht. Die Wut ist zu groß. Es fällt ihr schwer, von der Schuldfrage wegzukommen, zu verzeihen oder eben zu akzeptieren, dass sie nie verstehen wird oder schlicht nie erfahren wird, was die wirklichen Beweggründe ihres Ex-Mannes für den Abbruch waren.

Aber auch der Abbrecher muss damit leben können, dass er nicht verstanden wird. »Ich habe das ›Nicht-verstanden-

Werden‹ als Teil des Preises für meine Entscheidung in Kauf genommen. Jede Entscheidung im Leben hat nun mal Konsequenzen«, schreibt ein Abbrecher

Dora ist mittlerweile völlig gleichgültig ihrer Freundin gegenüber. »Sowas von losgelassen habe ich«, sagt sie. Den Grund für den plötzlichen Abbruch nach 35 Jahren enger Freundschaft will sie nicht einmal mehr wissen. Phantastisch befreiend sei es, nichts mehr von Sandra zu wollen und sie nicht mehr zu brauchen. Der Verlust ist nur noch ein banaler Posten in der Buchführung von Doras Leben.

Wenn die Funkstille akzeptiert wird, geht es darum, weitergehen zu können, auch wenn die Ambivalenz, die dem Kontaktabbruch innewohnt, schwer zu akzeptieren ist. Die Funkstille kann ein Schlussstrich sein oder »nur« das Drücken einer Pausentaste. Der Verlassene kann nicht wissen, ob es noch einmal einen Kontakt geben wird, und auch der Abbrecher weiß oft nicht, ob er irgendwann den Faden wieder aufnehmen will. Anja hat dies mit ihrem spontanen Anruf bei der Mutter getan. Vielleicht hat ihre Mutter nicht (mehr) damit gerechnet. Vielleicht aber hatte sie auch ihrerseits mit ihrer Tochter abgeschlossen. Dies ist die einzige Möglichkeit des Verlassenen, aktiv zu werden und sich aus der Opferrolle zu schälen. Anja wiederum brauchte vielleicht die Bestätigung, dass ihre Mutter sich nicht ändern würde und konnte sich nach dem Telefonat endlich ohne Gram und ohne Schuldgefühle verabschieden.

Bei näherem Hinsehen auf die vielen Funkstille-Geschichten wird deutlich, dass es nicht sinnvoll wäre, den Betroffenen zu raten, konsequent nach vorne zu schauen. Wie sollte man auf diese Weise aus dem Geschehenen lernen? Und wie sollte man andere und die Welt einschätzen, wenn nicht aus vorherigen Erfahrungen? Der Bruch kann trotz allem als Verbindung der Vergangenheit mit der Zukunft erfahren werden. Menschen wie Ralf oder auch Vicky, deren Geschichte im *Funkstille*-Buch erzählt wurde, sind erst aufgrund des Kontaktabbruchs in der Lage, mit ihrem neuen Partner glücklich zu leben. »Diese Liebe ist erfüllender als die zu Kyrill«, sagt Vicky heute, mittlerweile glücklich verheiratet. »Wir sehen auch im Alltag den Wert unserer Beziehung, wissend, dass wir keine aufregenden Events in unserem Privatleben brauchen. Niemals war mein Leben so in der Balance wie heute.«

Diana und Florian dagegen sind noch immer auf der Suche nach dem Sinn hinter dem Verhalten ihrer Ex-Partner. Florian ist deutlich geworden, dass er eine Seite von sich kennengelernt hat, die er zuvor nicht sah. Er sei in Abgründe getaucht, die er zuvor nicht gekannt habe, und Susanne habe Gefühle in ihm geweckt, von denen er bislang nicht einmal wusste, dass sie existieren. Irgendwann, so seine Hoffnung, werde er vielleicht erkennen, wozu diese Erfahrung gut war. »Die Menschen, die mich am meisten verletzt haben, haben mich am weitesten gebracht«, sagte ein Protagonist in meinem Film über das Glück.

Der Philosoph Wilhelm Schmid ist der Auffassung, dass der Schmerz der Trennung von einem geliebten Menschen sich im Leben nie ganz verliert, dass aber das Leben ohne Erfahrungen wie diese nun einmal nicht zu haben ist. Dennoch ist nachvollziehbar, dass in vielen Leserzuschriften die Frage auftaucht, ob denn nach der Funkstille auch eine Versöhnung möglich ist. Natürlich hängt dies davon ab, warum abgebrochen wurde, und vor allem davon, welchem der im ersten Kapitel angesprochenen Typen der Abbrecher entspricht. Ist er geflohen, weil er es in einer unbefriedigenden Beziehung, in der seine Bedürfnisse immer wieder missachtet wurden, einfach nicht mehr ausgehalten hat? Oder war der eigentliche

Auslöser der Funkstille ein lange zurückliegendes Ereignis, das dem Abbrecher selbst nicht einmal bewusst ist? Oder leidet der Abbrecher unter einer Persönlichkeitsstörung? Auch die wunden Punkte, die jeder Mensch hat und die, wenn sie nicht aufgearbeitet werden, immer wieder unkontrollierbar das Verhalten steuern, spielen eine wichtige Rolle. In allen Fällen gilt jedoch, dass ein Feilschen darum, wer recht und wer unrecht hat und wer die Deutungshoheit über das Geschehene besitzt, keinen Funkstille-Betroffenen weiterbringen wird. Die ständige Abwehr des anderen und seiner Sicht der Dinge wird nicht zu einer Wiederannäherung führen.

Ralf verließ nach etwa zwei Jahren die Zwischenwelt, in der er sich nach der Funkstille befand. Eine Ahnung von Zukunft begann. Heute genießt er eine neue Liebe, auch wenn die Trauer um Isa immer wieder durchbricht. Ihm fehle zwar bis heute die Aussprache, die ihm bestätigen könnte, dass er auch für Isa eine wichtige Rolle gespielt hat, aber inzwischen geht es auch ohne das. Nach seiner »Medizin« gegen den Verlust gefragt, antwortet Ralf: »Verzeihen!«. Auch sich selbst – und vor allem um seiner selbst willen. Er hat sich mit Isa versöhnt. Wahrscheinlich wird Ralf immer wieder mit Wehmut oder gar einer Sehnsucht an Isa denken, doch »mit meiner neuen Liebe habe ich einen ersten Schritt gemacht, jetzt legt sich mein weiterer Weg wie von selbst unter die Füße«, hofft er.

Manchmal, so schrieb ich im *Funkstille*-Buch, reicht es für die Bewältigung einer Funkstille schon aus, wenn die Betroffenen erkennen, dass die Gründe für den Kontaktabbruch nur bis zu einem gewissen Grad erklärbar sind. Möglicherweise fällt es dann leichter, sich Neuem zuzuwenden. Auch wenn eine klärende Aussprache sicherlich das Beste für alle Beteiligten wäre, ist die Funkstille vielfach wohl eine der Lebenssituationen, in denen die Herausforderung und Entwicklungsaufgabe darin besteht, mit unbeantworteten Fragen leben zu lernen. Wenn es das Geschenk eines »richtigen« Abschlusses der Beziehung nicht gibt, haben Verlassene immer auch die Möglichkeit, wie Dora ihrerseits Adieu zu sagen oder wie Ralf einseitig und ganz für sich selbst zu verzeihen.

Ich frage noch einmal bei Wolfgang Hantel-Quitmann nach: Kann man mit der Funkstille leben? »Natürlich kann man ungelöste Themen nicht vergessen, man kann sie aber verdrängen und abwehren, dem Bewusstsein entziehen und damit Schmerz und Ängste abschwächen – ein seelischer Reinigungsvorgang«, erklärt der Familien- und Paartherapeut. »Trotzdem bleiben natürlich die Triggerpunkte und Flashbacks, die wie bei einem Trauma unkontrolliert hochkommen können. Sicher wäre es besser, Konflikte auszudiskutieren. Manchmal aber gibt es Situationen, in denen nur ein Kontaktabbruch hilft, weil Reden und Erklären keinen Sinn mehr machen, nachdem es hunderte Male versucht wurde. Es wäre schön, wenn alle Konflikte mit Einsicht lösbar wären, aber manchmal geht das eben nicht, besonders dann nicht, wenn Menschen beispielsweise eine Persönlichkeitsstörung oder eine andere psychische Erkrankung haben.«

Über das Loslassen ist auf unserer Webseite eine ähnliche Diskussion entbrannt wie über die Frage, wer Opfer und wer Täter ist. Viele Leser raten zum Loslassen. Es gibt aber auch nicht wenige, die ihre Sehnsucht einfach nicht begraben wollen. Eine aufgebrachte Leserin schreibt: »Gutgemeinte Aufforderungen ›loszulassen‹ und ›mich für andere zu öffnen‹ hatten in der Vergangenheit nur den Effekt, dass ich mich völlig unverstanden fühlte und dass ich den Eindruck hatte, dass mit mir offenbar etwas ganz speziell und ganz grundsätzlich nicht in Ordnung war, weil ich eben nicht loslassen konnte. Mittlerweile weiß ich, dass es mir nicht gut tut, auf solche sicher gutgemeinten Ratschläge zu hören. Alles hat seine Zeit. Wir leben in einer Gesellschaft, wo uns ständig gesagt wird, dass wir nicht richtig sind, wie wir sind, dass wir uns optimieren müssen, dass unsere Sehnsüchte sentimental und unsere Wünsche sowieso unerfüllbar sind. Ich nehme es mir heraus, anderer Ansicht zu sein.«

»Manchmal muss man jemanden, den man liebt, loslassen, damit er in Liebe von sich aus wiederkommen kann, denn nur, wenn diese Entscheidung dann aus dem Herzen kommt, kannst du das auch ernst nehmen und glücklich werden«, entgegnet ihr eine andere Leserin.

Und was ist mit Ralfs Wehmut? Was wäre, wenn er heute Isa wiedertreffen würde? »Ich hoffe, dass ich es schaffen kann, nie wieder die Hölle einer neuen Funkstille erleben zu müssen«, stellt Ralf seiner Antwort voran, denn auch wenn er losgelassen und aus der Erfahrung viel gelernt hat, war es ein brutales Lehrmittel, das Isa eingesetzt hat. Anschließend erklärt er: »Gerne würde ich nun meine damalige Freundin mal wieder treffen. Jetzt nicht mehr, um unbedingt ihre Verzeihung zu bekommen, sondern vor allem, weil ich glaube, dass Menschen, die einander einmal so nahestanden, sich noch immer mindestens so viel zu sagen haben, dass es für eine Tasse Kaffee und ein Stück Kuchen reicht. Für ein solches Treffen ist es, glaube ich, eigentlich nie zu spät.« Ralf wäre nicht Ralf, wenn er nicht gleichzeitig in Betracht ziehen würde, dass ein Wiedersehen auch eine herbe Enttäuschung bedeuten könnte: »Schlimm wird's vermutlich, wenn man tatsächlich spürt, dass man sich so gar nichts mehr zu sagen hat. Denn das würde man wohl so interpretieren, dass all die Energie, mit der man so lange gefühlt und gelitten hat, nichts als heiße Luft war; alle Wünsche, einfach wieder unbeschwert miteinander reden zu können, nichts als lächerliche, kitschige Illusionen. So etwas ist sicher noch einmal ein harter Schlag, an dem man Tage bis Wochen zu verdauen haben dürfte. Doch auch das ist am Ende sicherlich besser als das furchtbare Schweigen.« Auch er bleibt dabei: Jede Wahrheit ist besser als Schweigen.

Mit seiner neuen Freundin ist Ralf mittlerweile zwei Jahre zusammen. Es ist eine andere Nähe, die sie verbindet, aber es ist keine schlechtere. Ralf: »Es gibt Menschen, in die man sich so sehr verliebt, dass man glaubt, es gäbe keinen anderen, mit dem man das gleiche intensive Gefühl haben kann. Und vielleicht ist das tatsächlich so, vielleicht wird man genau dieses Gefühl mit keinem anderen Menschen haben. Aber: Es gibt andere Menschen, mit denen man ähnliche intensive und sehr, sehr gute Gefühle haben kann! Natürlich besteht dann die Gefahr, wieder verletzt zu werden – aber es gibt auch die Chance auf ungeheuer schöne Momente! Und diese Chance sollte man sich keinesfalls durch vergangene Erfahrungen zerstören lassen. Dazu ist das Leben zu wertvoll und zu kurz.«

Ralf kämpfte sehr lange gegen die Verzweiflung an, aber am Ende siegte der Wille, nicht sein gesamtes Leben von ihr bestimmen zu lassen. Also nahm er Abschied: »Ich habe nach meinem Ermessen alles getan, was ich konnte. Jetzt muss ich das ruhen lassen – vielleicht sogar für immer!«

»Als er erkannte, dass sie nicht zueinanderpassten, beschloss er, von ihr Abschied zu nehmen. Aber das zog sich noch eine Weile hin. Er brauchte dazu ein ganzes Leben.« Anton Kuh.

Nachwort

Halten nicht die schönsten Erinnerungen fest, was nie war, aber für immer gilt?

Mit der Funkstille weiterzuleben, ohne an ihr zu verzweifeln, bedeutet zuzulassen, dass der andere eine andere Wahrnehmung, eine andere Wahrheit hat als ich selbst. Letztlich bedeutet es auch, mehrere Realitäten zuzulassen, sich von einem Bild, das man von dem anderen hatte – und aus dem er vielleicht ausbrechen musste, weil es seinem Selbstbild nicht entsprach – Abschied zu nehmen.

Doch die Wahrheit, oder besser: die Wahrnehmung des anderen anzuhören, ist der Boden, auf dem der Dialog gedeiht. Der Versuch, dem Dialog oder der Ent-Täuschung auszuweichen, ist sinnlos. Verschwiegene und verdrängte Erfahrungen können zu einem inneren Dialog führen, der uns nicht gut tut und unser gesamtes Leben beschwert. Schlimmer noch: Wenn wir nicht aufpassen – und nicht verzeihen können –, wird sich die Geschichte des Schweigens weiter fortschreiben. Der Kontaktabbruch in den Familien wird dann zum chronifizierten Ereignis, die Funkstille zum Lebensthema von Menschen, die sich immer mehr vereinzeln, obwohl sie doch eigentlich einmal miteinander leben wollten. Prägungen bilden den Sockel. Jeder reagiert immer wieder gleich, jeder formuliert seine Enttäuschung für sich, doch nicht für den anderen.

Es ist also eine gesunde Reaktion, dass mir bis heute Menschen schreiben oder sich im Diskussionsforum auf *www. funkstille-buch.de* austauschen. Das Schreiben ist oft nicht ein-

213

fach ein Berichten. Es dient auch dazu, das Geschehen zu reflektieren, und gelegentlich auch dazu, die eigene Sichtweise mit Hilfe der anderen zu revidieren.

Beim Lesen der Zuschriften und Diskussionsbeiträge wird immer wieder deutlich: Man kann nicht in die Vergangenheit zurückkehren. Es ist immer eine Spiegelung der Vergangenheit an der Gegenwart. Daher gilt, darauf zu achten, ein gelingendes Leben im Ganzen zu führen, eines, das nicht von episodischen Wünschen und Lebenszielen gelenkt wird, sondern von langfristigen Werten und Beziehungen. Sie machen die innere Haltung aus, die Bestimmung, die im Einklang mit unseren Gedanken und Gefühlen steht. Es ist wichtig zu erkennen, wie – und durch wen – wir zu bestimmten Gedanken und Überzeugungen gekommen sind und wo unsere Wünsche ihren Ursprung haben, und zwar gerade dann, wenn wir nicht genau wissen, warum wir in einer bestimmten Art und Weise reagieren. Die Art, wie wir uns zu dem, was geschieht, in Beziehung setzen, ist das, was wir beeinflussen können. Darum geht es letztlich auch in der Funkstille. Und darum geht es wohl auch im Leben: mit Menschen in Kontakt zu treten.

Der rote Faden des Lebens wäre dann eine Haltung. Meinungen und Beurteilungen können sich ändern, eine Haltung jedoch bleibt konstant und verlässlich. Deshalb werden rein ichbezogene Episodenmenschen an ihren losen Enden scheitern.

Das Leben im Ganzen sehen: Das bedeutet nicht, dass dieses Leben komplett aus einem Guss sein muss. Aus Brüchen im Lebenslauf kann mehr Lebendigkeit, können unverhoffte Neuanfänge erwachsen. Sie sind wichtig und nötig, um daraus Funken zu schlagen. Gleichzeitig bleiben manche Dinge, die in der Vergangenheit schiefgelaufen sind, nicht korrigierbar. Viele Zuschriften und Kommentare berichten von negativen Entwicklungen, die sich verselbständigt haben, von verpassten Zeitpunkten und von Menschen, die dadurch für immer verloren sind. Es kann also ein Irrtum sein, sich selbst zu beschwichtigen mit der Annahme, für eine Aussprache sei später immer noch Zeit.

Vielleicht müsste man denen, die fürchten, Worte könnten ihr Geheimnis enthüllen, die Scheu vor einer Öffnung nehmen. »Je weiter wir in die Welt der Erkenntnis eindringen, desto deutlicher werden wir merken, dass das Geheimnis bleibt«, so die Philosophin Connie Palmen.

Also: keine Angst. Mit anderen in Beziehung zu treten – und zu bleiben – bedeutet nicht, dass man sich ihnen schutzlos ausliefern muss. Die Geheimnisse können bewahrt werden, auch wenn wir versuchen zum Kern des anderen vorzudringen. Es wird doch immer nur ein Versuch bleiben. Geliebt wird man dort, wo man erkannt wird, nicht dort, wo man entlarvt wird. Bei der Entdeckungsreise zweier Menschen, die jede Beziehung darstellt, muss niemand verletzt werden. Damit das gelingt, ohne dass es zum schweigenden Abbruch kommt, braucht es Vertrauen – und Mut!

Literaturverzeichnis

Badiou, Alain (2011): *Lob der Liebe*, Wien: Passagen.

Benjamin, Walter (1990): *Gesammelte Schriften Band I*, Frankfurt: Suhrkamp.

Bieri, Peter (2011): *Wie wollen wir leben? Unruhe bewahren*, St. Pölten: Residenz.

Didion, Joan (2008): *Das Jahr magischen Denkens*, Berlin: List.

Duras, Marguerite (1960): *Die Pferdchen von Tarquinia*, Frankfurt: Suhrkamp.

Fromm, Erich (1993): *Die Furcht vor der Freiheit*, München: dtv.

Grawe, Klaus (2004): *Neuropsychotherapie*, Göttingen: Hogrefe.

Haller, Reinhard (2013): *Die Narzissmusfalle. Anleitung zur Menschen- und Selbstkenntnis*, Salzburg: Ecowin.

Han, Byung-Chul (2012a): *Agonie des Eros*, Berlin: Matthes & Seitz.

Han, Byung-Chul (2012b): *Transparenzgesellschaft*, Berlin: Matthes & Seitz.

Hantel-Quitmann, Wolfgang (2008): *Die Masken der Paare. Und welche Gefühle sie verbergen*, Freiburg: Herder.

Hantel-Quitmann, Wolfgang (2006): *Liebesaffären. Zur Psychologie leidenschaftlicher Beziehungen*, Gießen: Psychosozial.

Hantel-Quitmann, Wolfgang (2011): *Sehnsucht. Das unstillbare Gefühl*, Stuttgart: Klett-Cotta.

Hirigoyen, Marie-France (2002): *Die Masken der Niedertracht. Seelische Gewalt im Alltag und wie man sich dagegen wehren kann*, München: dtv.

Kashdan, Todd (2009): *Curious? Discover the missing ingredient to a fulfilling life*, New York: William Morrow.

Kernberg, Otto (2006): *Narzissmus. Grundlagen Störungsbilder Therapie*, Stuttgart: Schattauer.

Kübler-Ross, Elisabeth (2001): *Interviews mit Sterbenden*, München: Droemer Knaur.

Kuh, Anton (1981): *Luftlinien. Feuilletons, Essays und Publizistik*, Berlin: Volk und Welt.

Palmen, Connie (2001): *I. M. Ischa Meijer, In Margine, In Memoriam*, Zürich: Diogenes.

Palmen, Connie (2010): *Luzifer*, Zürich: Diogenes.

Palmen, Connie (2014): *Logbuch eines unbarmherzigen Jahres*, Zürich: Diogenes.

Riemann, Fritz (2011): *Grundformen der Angst. Eine tiefenpsychologische Studie*, München: Reinhardt.

Salcher, Andreas (2011): *Der verletzte Mensch. An Verletzungen wachsen statt zerbrechen*, München: Goldmann.

Schmid, Wilhelm (2007): *Glück. Alles, was Sie darüber wissen müssen, und warum es nicht das Wichtigste im Leben ist*, Berlin: Insel.

Schmid, Wilhelm (2012): *Unglücklich sein. Eine Ermutigung*, Berlin: Insel.

Schmid, Wilhelm (2013): *Dem Leben Sinn geben. Von der Lebenskunst im Umgang mit Anderen und der Welt*, Berlin: Suhrkamp.

Schmidbauer, Wolfgang (2002): *Die Angst vor Nähe*, Reinbek: Rowohlt.

Schmidbauer, Wolfgang (2012): *Das kalte Herz. Von der Macht des Geldes und dem Verlust der Gefühle*, München: Goldmann.